Integrative Spracharbeit – Wortschatz und Strukturen

Von

Sonja Reiß-Held & Martina Hohbauer

2. korrigierte und erweiterte Auflage

Schneider Verlag Hohengehren GmbH

Umschlaggestaltung: Verlag
Umschlagfoto: © M.studio – fotolia.com

Gedruckt auf umweltfreundlichem Papier (chlor- und säurefrei hergestellt).

Bibliografische Information der Deutschen Nationalbibliothek

Die Deutsche Nationalbibliothek verzeichnet diese Publikation in der Deutschen Nationalbibliografie; detaillierte bibliografische Daten sind im Internet über ›http://dnb.dnb.de‹ abrufbar.

ISBN: 978-3-8340-1937-0

Schneider Verlag Hohengehren, Wilhelmstr. 13, D-73666 Baltmannsweiler
Homepage: www.paedagogik.de

Printed in Germany – Druck: WolfMediaPress, Korb

Inhaltsverzeichnis

Vorwort

Gesicherte Wortschatz- und Strukturkenntnisse sind die Basis für die Bewältigung sprachlicher Anforderungen im Hören, Sprechen, Lesen und Schreiben. Gerade im Hinblick auf die Schriftsprache räumt deshalb der **neue bayerische Lehrplan PLUS Deutsch als Zweitsprache** der Sprachkorrektheit ein deutliches Gewicht ein. Dies bedeutet keine Rückkehr zu einem grammatikdominierten Sprachunterricht, wie er häufig noch in der Fremdsprachendidaktik zu finden ist. Kinder erschließen sich Sprache weniger über kognitiv-metasprachliche Verfahrensweisen, sondern eher durch unbewusste Strategien wie Analogiebildungen und Generalisierungen. Auch Imitation spielt eine wesentliche Rolle und sollte sprachdidaktisch genutzt werden. Dabei generieren Kinder bei ausreichendem Kontakt mit der deutschen Sprache elementare Strukturen schon bald auch ohne großes Zutun. Es gibt jedoch auch erwerbsresistente Bereiche, und zwar oft da, wo die Kommunikation durch fehlerhafte Strukturen nicht wesentlich beeinträchtigt wird. Insbesondere die Komplexität des morphologischen Bereichs, also die Flexion von Nomen, Artikelwörtern, Pronomen, Adjektiven und Verben sperrt sich häufig einer erfolgreichen Aneignung. Hier bedarf es kindgerechter Aufgaben und Übungen, die bei jüngeren Lernern eher den impliziten, also unbewussten Spracherwerb unterstützen und später dann zunehmend durch bewusst machende Verfahren ergänzt werden können. Nicht immer stellen sich die gewünschten Fortschritte sofort ein und die Fokussierung auf ein sprachliches Phänomen im Unterricht garantiert nicht seine korrekte Verwendung in ungesteuerten Situationen. Es bedarf vielfältiger Wiederholungen, bis Wortschatz und Strukturen so verinnerlicht sind, dass sie der Komplexität kommunikativer Anforderungen standhalten können.

Und der Weg dorthin? Der Erfolg von Sprachförderung ist von vielen Faktoren abhängig, auch von den Voraussetzungen, welche die Lernenden mitbringen. Wir haben mit einer äußerst heterogenen Zielgruppe zu tun: Schüler/innen, die in Deutschland geboren oder später zugewandert sind, Kinder aus Mischehen, für die Deutsch oft schon die dritte Sprache darstellt, Lerner aus bildungsfernen und -nahen Familien. Da sind Kinder, die sich mit dem Lernen schwertun oder regelrechte Sprachbegabungen, es gibt sehr junge Lernende, für die der spielerische und eher unbewusste Zugriff auf Sprache elementar ist, und ältere, die gezielt über sprachliche Strukturen nachdenken können. Der Vielfalt der unterschiedlichen Lernvoraussetzungen entsprechen methodische Bausteine, die nach Lernvoraussetzungen und -fähigkeiten eingesetzt werden können. Allen Herangehensweisen ist jedoch der integrative Gedanke gemeinsam: Integration unterschiedlicher Lernprofile, Einbettung von Sprache in sinnvolle Zusammenhänge und Spracharbeit als Unterrichtsprinzip in allen Fächern. Der Weg zur Sprache führt dabei immer über die Inhalte. Grundlegend für jede Spracharbeit ist daher die Frage, welche Inhalte für das Kind interessant und bedeutungsvoll sind und auf welche Weise sie motivierend vermittelt werden können. Spielerische und handlungsorientierte Lernformen, Geschichten, Gedichte, Reime und Lieder spielen hier eine wesentliche Rolle. Daneben stehen aber auch explizitere Verfahrensweisen, die die Aufmerksamkeit des Lerners auf jene Sprachelemente lenken, die implizit nur schwer angeeignet werden können.

Das Buch soll helfen, sprachdidaktische Entscheidungen fachlich begründet zu treffen. Dazu werden praktische Beispiele zur **integrativen Arbeit an Wortschatz und Strukturen** vorgestellt. Ein Großteil der Unterrichtsvorschläge ist auch für Kinder mit deutscher Muttersprache geeignet. Insofern versteht sich der Beitrag als Brückenschlag zwischen mutter- und zweitsprachlicher Didaktik und entspricht der engen Verbindung der Fächer Deutsch und Deutsch als Zweitsprache im Lehrplan PLUS.

1. „Integrative Spracharbeit“ – was ist das?

Die Kenntnis von Wortschatz und Grammatik gehört zu den Basiskompetenzen beim Erwerb einer fremden Sprache. Spätestens mit der kommunikativen Wende in der Zweit- und Fremdsprachendidaktik der 70er Jahre ist klar geworden, dass diesen Kompetenzen im Unterricht eine dienende Rolle in Bezug auf das Hören, Sprechen, Lesen und Schreiben zukommt. Moderne Bildungs- und Lehrpläne fordern daher, Wortschatz und Grammatik in Anbindung an Themen und Situationen und anhand interessanter, auch literarischer Texte entdecken zu lassen und nicht isoliert zu vermitteln. Dieses Anliegen eines handlungs- und inhaltsorientierten Sprachunterrichts dürfte mittlerweile in der schulischen Praxis auf breiten Konsens stoßen. Insbesondere der Wortschatz wird normalerweise integrativ in Anbindung an Texte und Situationen vermittelt. Häufig wird dabei jedoch übersehen, dass die Aneignung von Wortschatz vielfältiger Übungen in variablen Kontexten bedarf. So zeigen Untersuchungen, dass in der Regel fünfzig Wiederholungen eines Wortes in unterschiedlichen und bedeutsamen Zusammenhängen notwendig sind, bis es in den Mitteilungswortschatz übernommen wird (vgl. Nodari 2006). Dies ist natürlich auch von der Nähe der Sprachsysteme (z. B. Dänisch vs. Arabisch) und der Schwierigkeit des Wortes sowie vom Vorwissen, dem Auffassungsvermögen und der emotionalen Involviertheit des Lernenden abhängig (vgl. Apeltauer 2017: 316). Während Basiswortschatz etwa in Vorbereitungsklassen in der Regel gezielt aufgebaut und geübt wird, fehlt es mit Übertritt in die Regelklasse meist an systematischen und begründeten Wortschatzübungen im Bereich der Bildungssprache. Auch das Erlernen grammatischer Strukturen muss hier weiterhin gezielt unterstützt werden. Die Zielsetzung des Sprachunterrichts für DaZ-Lerner/innen mit Sprachförderbedarf (DaZFö) muss daher zumindest teilweise eine andere sein als die des muttersprachlichen Deutschunterrichts. Es geht eben nicht nur um Einsicht in den Aufbau und die Funktionalität sprachlicher Strukturen, letztere müssen vielmehr auch eingehend geübt werden – und zwar eingebunden in Sprechsituationen und Schreibaufgaben. Es gilt, grammatische Kenntnisse zunehmend für den Aufbau der konzeptuell schriftlich geprägten Bildungssprache nutzbar zu machen. Dies betrifft die Formenbildung (etwa Perfekt und Präteritum bei Erzähltexten, Nominalflexion in Abhängigkeit von Präpositionen) ebenso wie strukturelle Übungen (Übungen zur Erweiterung der Satzkomplexität z. B. durch Nebensätze und Attribute, Umstellen von Satzgliedern, Verwenden unterschiedlicher Konjunktionen). Im Idealfall werden dabei Schülertexte zum Ausgangspunkt grammatischer Untersuchungen, die ihrerseits in gezielte Überarbeitungen der Texte münden.

In Anbetracht der kulturellen Heterogenität in sog. *Regelklassen* bedeutet *Integrative Spracharbeit* aber noch viel mehr und berührt dabei das Selbstverständnis mutter- vs. zweitsprachlicher Sprachdidaktik (1.1 und 1.2), die Verbindung von Spracharbeit und Alphabetisierung (1.3), die Einbeziehung der Herkunftssprachen (1.4) sowie den Aspekt der Fächeranbindung (1.5).

1.1 Verbindung von DaZ und DaM

Deutsch als Zweitsprache – Unterricht wird häufig als Aufgabe von Intensivkursen, Vorbereitungsklassen oder Förderstunden gesehen. Dies führt dazu, dass auf die spezifische Sprachförderung von DaZFö-Kindern im Rahmen des Regelklassenunterrichts verzichtet wird. *Integrative Spracharbeit* bedeutet demgegenüber die Integration typischer DaZ- Inhalte in den regulären Sprach- und Fachunterricht unter Berücksichtigung zweitsprachendidaktischer Vermittlungsmethoden. Wortschatz- und Strukturübungen im Zusammenhang mit produktiven und rezeptiven Textkompetenzen werden damit wichtiger Bestandteil einer fächerübergreifenden Sprachdidaktik.

Wenn Schüler/innen mit sehr unterschiedlichem Sprachkenntnisstand zusammen unterrichtet werden, muss jedoch ein Weg gefunden werden, die zweitsprachliche mit der muttersprachlichen Sprachdidaktik in Einklang zu bringen – geht letztere doch von bereits vorhandenen Kompetenzen in der deutschen Sprache aus. Die Frage ist daher, von welchen DaZ-spezifischen Inhalten und Verfahrensweisen auch Schüler/innen mit deutscher Muttersprache (DaM) profitieren können. Die Erfahrung zeigt, dass gezielte Wortschatz- und Strukturübungen letztlich allen Kindern mit Sprachförderbedarf zugutekommen, unabhängig von deren sprachlicher Herkunft. Solche Übungen müssen als differenzierendes Angebot bereitstehen.

Auch der neue Lehrplan Plus **Deutsch** beschreibt grammatische Kompetenz als wichtiges Lernziel. So heißt es z. B. im Lernbereich 4 der 3./4. Jahrgangsstufe:

Die Schülerinnen und Schüler

- bestimmen die Merkmale von Nomen, Adjektiven, Artikeln, Pronomen (z. B. Geschlecht, Fall) und Verben (z. B. Personalform, Zeitstufe), indem sie sie variieren, und wenden sie in Texten richtig an.
- beschreiben die Veränderung des Falls bei Artikeln, Nomen und Adjektiven, die mit der Verwendung im Satz zusammenhängen (z. B. *Das kleine Kind liest. – Sie gibt dem kleinen Kind ein Buch.*) und beachten sie in ihrem eigenen Sprachgebrauch.

Wie aber können solche Kompetenzen erworben werden? Wie kann insbesondere das Ziel, grammatische Besonderheiten nicht nur zu kennen und zu beschreiben, sondern eben auch richtig anzuwenden, erreicht werden?

Generatives Sprechen und Schreiben (Belke 2012a, b) verbindet in idealer Weise inhaltliche und formale Sprachaspekte. Analog zu vorgegebenen literarischen Mustertexten verfassen die Schüler/innen eigene Sprech- und Schreibtexte. Ihre Aufmerksamkeit wird dabei auf sprachliche Strukturen gelenkt, die durch ihr wiederholtes Auftreten **implizit** eingeübt werden. Es ist jedoch auch möglich, sprachlichen Regeln in den Schreibtexten forschend-entdeckend auf den Grund zu gehen und das dabei erworbene **explizite** Sprachwissen für die Fehlerkorrektur zu nutzen.

Die Integration von mutter- und zweitsprachlichem Deutschunterricht ist jedoch auch in anderen Lernsettings möglich, sei es in der **Lernszenariendidaktik**, in der Arbeit mit **Bilderbüchern**, im **szenischen Spiel** oder im **Fachsprachenunterricht**.

1.2 Sprachunterricht aus der DaZ-Perspektive – Beispiel Satzglieder

Der neue Lehrplan PLUS schafft über parallel konzipierte Lernbereiche in Deutsch und DaZ eine konkrete Verbindung zwischen der Mutter- und Zweitsprachendidaktik. Explizit regen beide Lehrpläne dazu an, die Mehrsprachigkeit der Schüler/innen zu nutzen, indem Kenntnisse der Herkunftssprachen in den Unterricht einbezogen und Sprachvergleiche angeregt werden (vgl. LP Deutsch 1/2 4.2. Gemeinsamkeiten und Unterschiede von Sprachen entdecken und LP DaZ 4.4 Mehrsprachigkeit nutzen – Gemeinsamkeiten und Unterschiede von Sprachen nutzen). Durch die Integration der Herkunftssprachen wird der Unterricht interkulturell bereichert und das Sprachbewusstsein in Bezug auf Unterschiede und Gemeinsamkeiten der Sprachen gefördert.

Auch andere Kompetenzen (Lesen, Schreiben, ...) betreffen DaZ und DaM gleichermaßen und werden in ihrem Anforderungsprofil speziell für DaZFö-Lerner/innen im Lehrplan DaZ spezifiziert. Die Umsetzung der DaZ-Aspekte setzt jedoch das Bewusstsein voraus, dass das Erreichen einer bestimmten sprachlichen Kompetenz DaZFö-Lernende anders fordert als die meisten DaM-Kinder. Lehrkräfte müssen daher die deutsche Sprache mit „fremden Augen" betrachten: Welche Bereiche sind besonders schwierig zu erwerben? Warum ist das so? Und wo können die Kinder gezielt unterstützt werden? Ein Vergleich mit der Art und Weise, wie Kinder Wortschatz und Strukturen in der deutschen Muttersprache erwerben, ist hierbei hilfreich, aber nicht ausreichend. Denn viele Stolperfallen der deutschen Sprache – und dies betrifft besonders den sprachstrukturellen Bereich – stellen eben für DaM-Kinder in der Regel kein Erwerbsproblem dar.

Die Problematik der ausschließlich monolingualen Sichtweise auf die deutsche Sprache zeigt das Beispiel „Satzglieder" (LP Plus Deutsch 3/4, Lernbereich 4).

Wie jede sprachsystematische Betrachtung ist die Beschäftigung mit Satzgliedern in der Grundschule häufiger Kritik ausgesetzt, die sich v.a. gegen die wenig lebenspraktische Vermittlung richtet. In vielen Lehrbüchern scheinen die operationalen Verfahren der Satzgliedermittlung nach Glinz (umstellen, ersetzen, ergänzen, weglassen) einem Selbstzweck zu genügen, was oft schon daran ersichtlich wird, dass sie an isolierten Sätzen und nicht an Texten durchgeführt werden (Kühn 2010: 40). Ungeachtet dieser Problematik schätzen jedoch die meisten Sprachdidaktiker sprachformale Kenntnisse im Satzbereich, und zwar aus folgenden Gründen:

- In der Beschäftigung mit Satzgliedern entwickeln Lerner eine zunehmende Sensibilität für die Sprachstruktur, indem sie Einblick in zusammengehörige Teile des Satzes erhalten. Zwar vertreten viele Sprachdidaktiker die Meinung, die Anwendung grammatischer Proben setze voraus, was erst zu lernen sei. Die Schüler/innen müssten also das Satzglied schon kennen, um es umstellen, ersetzen oder ergänzen zu können (vgl. Bredel 2013: 241). Dies ist zweifellos richtig, v.a. was die Ersatz- und Ergänzungsprobe betrifft, denn auch Attribute lassen sich problemlos ersetzen oder ergänzen. Doch wird durch das Anwenden und Testen der Proben die Aufmerksamkeit auf sprachformale Aspekte geschult (vgl. Ossner 2006: 234) und der Erwerb einer zunehmend syntaktischen Bewusstheit (vgl. Bredel 2013: 177) ermöglicht es, grammatisch falsche von richtigen Sätzen zu unterscheiden und zu korrigieren.
- Die Arbeit mit Satzgliedern unterstützt das Schreiben von Texten, z. B. bei der Erweiterung von Satzgliedern durch treffende Attribute, durch den Ersatz von Nomen durch Pronomen, durch das Umstellen von Sätzen oder die Präzisierung einer Aussage durch weitere Satzglieder wie Orts- oder Zeitangaben. Dabei ist immer auch der pragmatische Aspekt zu berücksichtigen, also die Frage, welche Effekte solche sprachlichen Operationen beim Leser oder Hörer bewirken (vgl. Bartnitzky 2017: 167).
- Nach Bredel (2013: 176) korrelieren Lesefähigkeit und syntaktische Bewusstheit. Kinder mit guter syntaktischer Bewusstheit verlesen sich seltener und erkennen schneller, dass ein falsch gelesenes Wort nicht in den Satzzusammenhang passt. Sie haben somit bessere Revisionsmöglichkeiten. Außerdem sind ihre Chancen größer, auch syntaktisch komplizierte Sätze (z. B. Partizipialkonstruktionen) zu verstehen.

Es kann davon ausgegangen werden, dass diese Effekte sprachsystematischer Betrachtungen für DaM- und DaZ-Schüler/innen gleichermaßen zutreffen. Der Grundschulunterricht beschäftigt sich aber auch mit der formalen Kategorisierung der Satzglieder. Hier geht es darum, den Satzgliedern einen bestimmten Kasus (Fall) zuzuordnen, also Nominativ, Akkusativ oder Dativ (Genitive erscheinen meist als Attribute und nicht als Satzglieder). Diese Kategorisierung kann ein

Grundschulkind durchführen, wenn es das jeweilige Satzglied mit einer passenden Frage (*wer? wem? wen?*) verbinden kann. Der Nominativ ist meist problemlos zu bestimmen. Denn er kennzeichnet das Subjekt eines Satzes, über das mit dem Verb eine Aussage getroffen wird. Bei der Unterscheidung von Dativ (sog. *wem*-Fall) und Akkusativ (sog. *wen*-Fall) jedoch spielt die Kenntnis der Kasusformen eine größere Rolle. Die häufige Erklärung, wonach – bei gleichzeitigem Auftreten – das belebte Objekt (meist eine Person) in der Regel mit dem Dativ, das unbelebte Objekt dagegen mit dem Akkusativ markiert wird (z. B. *Ich gebe dem Kind einen Apfel*), ist zwar ein Anhaltspunkt, bietet aber keine Hilfe für Sätze, in denen nur ein Objekt vorhanden ist, z. B.:

Ich helfe dem Mädchen. (Dativ: belebtes Objekt)

Ich sehe das Mädchen. (Akkusativ: belebtes Objekt)

Dies kann für Zweitsprachlernende ungleich schwieriger als für Muttersprachler sein. Beispielsweise ist in *Ich helfe dem Mädchen* die Frage *wem* nicht selbstverständlich, denn in vielen Sprachen unterscheiden sich die Rektionseigenschaften der Verben von denen des Deutschen, d. h. Verben, die im Deutschen den Dativ fordern, benötigen in anderen Sprachen oft einen anderen Kasus und andersherum. So ziehen beispielsweise die Verben *verzeihen*, *gratulieren* oder *begegnen* den Akkusativ nach sich, während *stören* und *anrufen* den Dativ erfordern (vgl. Böttger 2008: 89–91).

Schüler/innen mit russischer Muttersprache könnte also für den o. g. Satz folgerichtig die Frage **Wen** *helfe ich?* stellen und damit *dem Mädchen* fälschlich als Akkusativobjekt klassifizieren.

Hinzu kommt das Problem, dass die Artikelformen im Deutschen nicht immer eindeutig sind. Satzteile wie *den Mädchen* in *Ich helfe den Mädchen* könnten als Akkusativergänzung bestimmt werden (analog zu *Ich sehe den Hund*), wenn der Lernende im Genus-/Kasussystem noch nicht sicher ist. Und in Sätzen wie *Den Hund jagt die Katze* können Subjekt und Objekt verwechselt werden, wenn Lernende der typischen Lesart „Agens vor Objekt" folgen.

Für viele Zweitsprachlernende wäre es daher wichtig, Satzglieder auch von der formalen Seite, sprich morphologischen Veränderung des Artikelwortes zu betrachten. Sie erkennen, dass der Kasus von Satzgliedern morphologische Varianten hat und dass andersherum häufig an der morphologischen Gestalt (v. a. in monofunktionalen Formen wie *dem*, *des*) auch der Kasus erkennbar ist. (vgl. Unterrichtsbeispiel in Punkt 7.5).

1.3 Wortschatzlernen und Alphabetisierung

Der elementare Schriftspracherwerb erfordert unter anderem die Fähigkeit, Wörter in einzelne Laute zerlegen und diese wieder zusammenfügen zu können. Dies setzt voraus, dass einzelne Laute wahrgenommen und zielsprachengerecht verarbeitet werden können und dass ihre Position im Wort lokalisiert werden kann. Viele Kinder mit Deutsch als Zweitsprache hören jedoch die Laute durch den **Filter der Muttersprache** und verschriften sie auf diese Weise. So kann es sein, dass Laute nicht wahrgenommen werden (z.B. das */h/* im Anlaut bei portugiesischen Deutschlernern), anders verarbeitet werden (z.B. *horen* statt *hören* bei italienischen Sprechern), oder dass die eigene fehlerhafte Aussprache auf die Verschriftung übertragen wird (z.B. sog. *Sprossvokale* bei türkischen Muttersprachlern: *B-u-ruder* statt *Bruder*). Hinzu kommen Interferenzen aus erstsprachlichen Schreibweisen, wenn z.B. Seiteneinsteiger/innen neben dem Erwerb der deutschen Sprache auch eine neue Schriftform erlernen müssen. Ein weiteres Problem betrifft das Wortmaterial, anhand dessen das Alphabet erlernt wird. Eine zentrale Übungsform besteht in der Lokalisierung von Lauten in einem Wort: Hört man etwa das */a/* in *Wald* vorne am Wort, in der Mitte, oder ganz hinten? Übungen dieser Art verwenden zur Lautanalyse einen bestimmten Wortschatz, in der Regel in Form von Bildmaterial. Die Begriffe müssen dem Kind aber geläufig sein, wenn es die Aufgabe meistern soll. Auch beim selbständigen Erlesen kleiner Texte muss die Lexik klar sein, um sinnhaftes Lesen zu ermöglichen. Für die Praxis bedeutet dies daher, dass im Prozess der Alphabetisierung der jeweils verwendete Wortschatz immer vorab gesichert sein muss. Da jedoch Wortschatz nie isoliert eingeführt oder trainiert werden sollte, geht es anders herum darum, den in sinnhaften Situationen erfahrenen und erlernten Wortschatz dem Lese- und Schreiblehrgang zugrunde zu legen – auch durch die Erstellung eigener Texte bzw. von Arbeitsblättern zur Lautanalyse und -synthese durch die Lehrkraft. Ebenso muss der Wortschatz auf Anlauttabellen diesbezüglich geprüft und zuerst gesichert werden, bevor die Kinder selbständig damit arbeiten.

1.4 Systematische Einbeziehung der Herkunftssprachen

Integrative Spracharbeit bezieht systematisch die Herkunftssprachen und -kulturen der Schüler und Schülerinnen mit ein. Ziel ist dabei nicht das Erlernen dieser Sprachen. Es geht zum einen um das Sichtbarmachen der lebensweltlichen Mehrsprachigkeit der Kinder und damit der Aufwertung der verschiedenen Sprachen. Mehrsprachigkeit wird als alltägliche Normalität erlebt, und die Wertschätzung der Sprachen kann das Selbstbewusstsein der Kinder und ihre positive Haltung zu ihrer Herkunftssprache stärken. Dies setzt voraus, dass auch die Lehrkraft die

Schüler/innen in ihrer Expertenrolle akzeptiert. Indem die Aufmerksamkeit auf sprachliche Phänomene gelenkt wird – auch im Sprachenvergleich – wird aber auch Sprachbewusstheit (language awareness) gefördert, die ihrerseits wieder Einfluss auf die Sprachaufmerksamkeit nimmt. Dadurch werden Lernprozesse in Gang gesetzt, die das Sprachelernen unterstützen können (vgl. Eder 2009: 55ff). Die Einbeziehung der Erstsprachen hat damit einen interkulturellen sowie einen sprachdidaktischen Aspekt. Die Möglichkeiten reichen vom Übersetzen einzelner Begriffe, Sätze oder Textstellen für das Verständnis von Unterrichtsinhalten über das Angebot einer mehrsprachigen Klassenbibliothek hin zu Begrüßungs- und Abschiedsformeln, Liedern und Reimen in unterschiedlichen Sprachen sowie den Vergleich von Paralleltexten literarischer Werke und ihrer Schriftsysteme. Für den interlingualen Vergleich im Primarbereich eignen sich in besonderer Weise graphische Systeme oder der Wortschatzbereich. Ausgehend von kleinen Texten etwa aus integriert oder parallel mehrsprachigen Bilderbüchern können Wortschätze in verschiedenen Sprachen zusammengestellt und miteinander verglichen werden.

1.5 Spracharbeit als Grundprinzip aller Fächer

Die Förderung der deutschen Sprache wurde bisher primär als Aufgabe des Deutschunterrichts betrachtet. Viele Probleme treten jedoch auch in Verbindung mit **vorfachlichen** und **fachsprachlichen** Aufgaben und Texten auf. Dabei sind Begriffe wie *Vorgänger, Nachfolger, abziehen, ergänzen, verdoppeln* etc. aber natürlich nicht nur in der Mathematik bedeutsam, sondern gehören zur elementaren sprachlichen Bildung. Ab der 3./4. Jahrgangsstufe werden die verwendeten Schulbuchtexte auch zunehmend komplexer und distanzierter. Und viele mündliche Sprachhandlungen in den Sachfächern erfordern ein grammatisches Gerüst (z. B. Fragepronomen bei Interviews), das im Rahmen fächerverbindenden und fächerübergreifenden Lernens vermittelt werden sollte:

„In mehrsprachigen Lerngruppen darf kein Fachunterricht stattfinden, ohne dass gleichzeitig die notwendigen sprachlichen Mittel gelernt werden. In jedem Unterricht muss Spracharbeit geleistet werden.“ (Hoffmann/Weis 2011: 39)

Der Schulalltag sieht jedoch oft anders aus. Die Unterrichtssprache ist konzeptuell mündlich geprägt, und die Schüleräußerungen sind im Vergleich zu den Schulbuchtexten wenig präzise. Ein Ziel muss also sein, die Schüler/innen im Mündlichen zu fachlich angemessener Kommunikation zu befähigen. Tajmel (2010) belegt an Experimenten, welchen Einfluss die Bereitstellung von lexikalischen Elementen und Strukturen auf die Qualität von fachsprachlichen Schüleräußerungen haben kann. Schüler/innen, denen solche Hilfen, z. B. durch beschriftete Abbildungen, angeboten werden, zeigen deutlich größere sprachliche Sicherheit in der Verbalisierung von fachlichen Inhalten und Zusammenhängen.

Im folgenden Beispiel (vgl. Tajmel 2010:152) wurden die unterstrichenen Begriffe als Hilfe bereitgestellt:

> *Als wir den Stein ins Wasser eingetaucht haben wurde er leichter als ohne Wasser, dadurch weil der Stein leichter wurde, war der Kleiderbügel schräg und der Zeiger zeigte auf die linke Seite.*

Im Vergleich dazu eine Äußerung ohne sprachliche Hilfe:

> *Der Gegenstand wo eine Schüssel mit waser rüber gemacht worden ist wird leichter.*

Im Sinne des ***scaffolding***-Ansatzes (Gibbons 2002, vgl. Kniffka 2012) kommt es aber nicht nur auf die Bereitstellung von Redemitteln und Wortschatz an. Sprache und Wissen sind in handlungsorientierten Lernformen zu verankern, komplexe Zusammenhänge sind zu visualisieren und die Schüler/innen müssen die Möglichkeit haben, die Sachzusammenhänge wiederholt zu verbalisieren, z. B. bei der Präsentation von Arbeitsergebnissen oder in der Anwendung des erworbenen Wissens in analogen Themenstellungen (z. B. *Wie der Igel überwintert* ⇨ *Wie der Fuchs/Dachs … überwintert*). Dabei sind die sprachlichen Voraussetzungen im unterrichtlichen Diskurs zu beachten. Die Lehrkraft passt sich in Wortschatz und Struktur an das rezeptive Vermögen der Lernenden an, räumt ausreichend Zeit für Antworten ein und reformuliert unklare oder fehlerhafte Schüleräußerungen in korrektem Deutsch und zunehmend mit korrekten Fachbegriffen. Da das Verstehen von Sprache in der Regel dem produktiven Können vorauseilt, darf die Komplexität des sprachlichen Inputs ohne weiteres etwas über dem produktiven Sprachvermögen des Schülers liegen. Die vergleichsweise hohe sprachliche Komplexität bildungssprachlicher Texte überfordert jedoch viele Schüler/innen. Die Rezeption fachsprachlicher Texte muss daher gezielt unterstützt werden. Dazu gehören nicht nur Wortschatzvorentlastungen und Textvereinfachungen. Ziel muss es sein, Strategien zur Erschließung auch anspruchsvollerer Sachtexte zu vermitteln. Zu den übergreifenden Texterschließungskompetenzen gehört z. B. die Fähigkeit, Abschnitte zusammenzufassen oder Zwischenüberschriften bilden und komplizierte Satzkonstruktionen auflösen zu können. Außerdem sollten in Anknüpfung an fachsprachliche Texte Wortschatz- und Strukturübungen angeboten werden. Diese Vorgehensweise wird beispielhaft realisiert im Schulbuch „Sachtexte knacken“ (Göncüoglu 2006a, b). Im Laufe der Schuljahre sind zunehmend auch diskontinuierliche Texte (Diagramme, Tabellen, Grafiken) zu entschlüsseln und mit zusätzlichen Informationen in Beziehung zu setzen (vgl. Michalak 2015: 106ff).

2. Formen der Sprachvermittlung und Sprachaneignung

Die Aneignung von Sprache kann sowohl aus der **Erwerbs**- als auch aus der **Vermittlungsperspektive** betrachtet werden. Aus Sicht des Spracherwerbs wird sprachliche Kompetenz sichtbar als deklaratives Wissen (*knowing that*), das bewusst, also explizit angeeignet wird und Informationen über grammatische Regeln und Wortbedeutungen enthält, und als prozedurales Wissen (*knowing how*), das eher unbewusst und damit implizit erworben wird. Die Sprachvermittlung nimmt auf diese Aneignungsweisen Bezug, indem sie Verfahrensweisen zum impliziten (= beiläufigen) sowie zum expliziten Erwerb der Sprache bereitstellt.

2.1 Implizite Sprachvermittlung

Impliziter Spracherwerb erfolgt prinzipiell mit dem ersten Sprachkontakt. Während der Bedeutungserwerb gestützt wird durch den Kontext, das unmittelbare Zeigefeld, begleitende Gestik und Mimik, Internationalismen u. a., erfahren die Lernenden anhand der Rhythmik, Intonation und Akzentsetzung der gesprochenen Sprache eine strukturelle Gliederung der Sprache, die sich mit zunehmendem Sprachfortschritt immer mehr erschließt. Bei einer Bilderbuchbetrachtung etwa deutet die Bezugsperson auf ein Bild und spricht dabei den Satz *„Und da kommt der kleine Bär"* mit Betonung von *Bär*. Durch die Einheit von Bild und sprachlicher Akzentuierung lernt das Kind nicht nur ein neues Lexem, sondern es erfährt gleichzeitig auch eine Gliederung des Satzes, in dem der rhematische Teil, also derjenige, der die neue und bedeutsame Information beinhaltet, am Ende des Satzes platziert ist. Weitere Beispiele mit der prinzipiell gleichen Satzstruktur (*Da kommt der Hase/ein Kaninchen/...*) ermöglichen dem Kind eine Generalisierung dieser Struktur, die wissenschaftlich mit dem Begriff der Inversionsstellung beschrieben wird: Durch die Zweitstellung des finiten Verbs in Aussagesätzen rückt bei Voranstellung eines anderen Satzgliedes das Subjekt hinter das Verb:

Position 1	Position 2	Position 3
Der kleine Bär	kommt.	
Da	kommt	der kleine Bär
*Da	der kleine Bär.	kommt.

Implizites Sprachelernen ist kennzeichnend für den Muttersprachenerwerb und den frühen Zweitsprachenerwerb, es kann aber auch im Lernprozess älterer

Lerner/innen eine wesentliche Rolle spielen, sofern sie durch ein entsprechendes Sprachangebot die Möglichkeit zu generalisierenden Schlüssen haben. Implizites Sprachelernen erfolgt in unterrichtlich gesteuerten wie auch ungesteuerten Situationen. Im Gegensatz zum Erstsprachenerwerb sind jedoch im Zweitsprachenerwerb die Voraussetzungen zu zielgerechten Generalisierungen aufgrund des unterschiedlichen quantitativen und qualitativen Sprachangebots oft nicht im selben Maße gegeben, so dass der Unterricht im bloßen Sprachbad nicht ausreichend erscheint.

Vielmehr geht es darum, auch das unbewusste Sprachelernen durch ein entsprechendes strukturiertes und aufbauendes Sprachangebot zu unterstützen. Mit dieser Vorgehensweise verbindet sich die Erwartung, dass das sprachliche Angebot – ähnlich wie beim Muttersprachenerwerb – zum Aufbau einer inneren Grammatik und eines mentalen Lexikons führt, welche dem Lernenden weitgehend unbewusst bleiben. Durch das gehäufte Angebot bestimmter Strukturen und Lexeme, z. B. in Liedern und poetischen Kurztexten, wird der „Behaltenseffekt" verstärkt, anders als dies im bloßen Sprachbad möglich wäre. Gleich bleibende Strukturen können dabei im Schriftlichen durch Fettdruck, Farbe oder Schriftart sichtbar gemacht werden, und wenn die Schüler/innen dabei von sich aus grammatische Auffälligkeiten thematisieren, so dürfte es sich um die fruchtbarsten Momente des schulischen Grammatiklernens handeln. Die Vermittlung sprachlichen Regelwissens ist aber im impliziten Ansatz an sich nicht ausdrücklich vorgesehen.

2.2 Explizite Ansätze

Explizite Ansätze befürworten eine stärkere Ausrichtung des Sprachunterrichts in Bezug auf **Sprachaufmerksamkeit** und **Sprachrichtigkeit** (z. B. Belke 2012a, b; Rösch 2003; Rösch/Rotter 2010; Überblick in Lütke 2011). Dass Kinder auch schon früh Überlegungen zur Sprachverwendung anstellen und damit die Ebene des rein Intuitiven verlassen, wurde u. a. in Studien zur sog. *Sprachbewusstheit* nachgewiesen. Diese zeigt sich nach Oomen-Welke (2006: 453) u. a. an der Aufmerksamkeit des Kindes hinsichtlich sprachlicher Phänomene, die in Form von metasprachlichen Reflexionen (Sprechen über Sprache) sichtbar werden.

Explizite Spracharbeit umfasst sowohl objektsprachliche Übungen zu Wortschatz und Grammatik, z. B. in Lernspielen zu Verbbildung, Genus, Pronomen etc., als auch sprachstrukturelle Betrachtungen, die gemeinhin Gegenstand des muttersprachlichen Grammatikunterrichts sind (Entdecken von Wortarten, Analyse von Sätzen). Dabei stehen objekt- und metasprachliche Kenntnisse in einem Wechselverhältnis. Sprachstrukturelle Überlegungen (z. B. zu Kasusformen) sind meist erst bei gesicherten Sprachkenntnissen in den jeweiligen Bereichen sinnvoll bzw. möglich, auf der anderen Seite können metasprachliche Einsichten auch die korrekte grammatische Verwendung von Sprache fördern (z. B. kann die Bewusstmachung von Temporalität wie Gegenwart oder Vergangenheit den korrekten Gebrauch der Tempora unterstützen). Als explizite Herangehensweise zur Vermittlung bildungssprachlichen Wortschatzes gilt auch das „Robuste Wortschatztraining" (Kurtz et al. 2015; vgl. 8.4), bei dem ausgewählter Wortschatz aus Texten oder thematischen Zusammenhängen extrahiert und in spezifischer Weise geübt wird.

Die Fokussierung korrekter Sprachverwendung wird durch die Tatsache begründet, dass Zweitsprachlernern häufig der ideale Spracherwerbskontext (v. a. quantitativ und qualitativ unzureichender sprachlicher input) fehlt, der bei der Aneignung der Erstsprache normalerweise gegeben ist. Zudem seien zwar Handlungsorientierung und Selbsttätigkeit z. B. im Rahmen von Lernszenarien wichtige Bausteine zur Entwicklung alltagskommunikativer Fertigkeiten, doch erfahre dabei der schriftsprachliche Bereich, der eine bewusste Auseinandersetzung mit sprachlichen Strukturen voraussetzt, zu wenig Beachtung (vgl. Belke 2012 a: 4). Da auch empirische Untersuchungen zeigen, dass rein kommunikativ-inhaltsorientierte Verfahren (*focus on meaning*) nicht zu formal korrekter Sprachverwendung führen, wird ein **formfokussiert-expliziter Unterricht** vorgeschlagen, der den Lernenden das Wahrnehmen auch wenig auffälliger Sprachelemente im Input erleichtert. Erste Forschungsergebnisse sprechen für diese Verfahrensweise (vgl. Rösch/Rotter 2010: 218 f; Lütke 2011). Dabei geht es um jene auch für den Schriftspracherwerb unerlässlichen Strukturen, die in rein kommunikativen Situationen nicht zuverlässig erworben werden (vgl. Belke 2012 a: 5), wie die Nomenflexion (Artikel, Adjektive, Substantive) oder die Flexion von unregelmäßigen Verben. Entsprechende Reflexionen und Übungen sind auch dann sinnvoll, wenn die Fehlerquote als eher gering eingeschätzt wird, da Sprachlerner grammatische Unsicherheiten oft mit Hilfe von Vermeidungsstrategien zu verbergen suchen. Ein formfokussiertes Vorgehen ist außerdem bei **Fossilierungen** im Spracherwerb unabdingbar (vgl. Rösch 2003: 37).

Grammatische Einsichten sollten dabei induktiv erworben werden, d. h. sie werden nicht einfach vorgegeben und dann geübt, sondern sollen – wo immer möglich und sinnvoll – von den Kindern selbst erschlossen werden. Damit gewinnt der **Lernprozess**, die allmähliche Bewusstwerdung grammatischer Sachverhalte, eine deutlich schwerere Gewichtung als prüfbares deklaratives Wissen.

Induktive Lernprozesse erfordern jedoch gerade bei den oben beschriebenen weniger auffälligen Sprachphänomenen klare unterrichtliche Vorgaben und eine mehr oder weniger starke Aufmerksamkeitssteuerung durch die Lehrkraft. Der bei den Schülern jedoch sehr heterogene sprachsystematische Zugriff darf dabei keine Erwartungshaltung im Hinblick völlig korrekter Lösungen aufkommen lassen. Vielmehr bieten die oft unvollkommenen Schülerantworten die Chance, an das tatsächlich vorhandene Sprachwissen der Schüler/innen anzuknüpfen und dieses weiterzuführen. Dabei ist ein fundiertes grammatisches Wissen der Lehrkraft ebenso erforderlich wie eine große Flexibilität und Sensibilität im Umgang mit Schülerbeiträgen, die nicht voreilig als falsch oder richtig gewertet, sondern als Bausteine zur Lösungsfindung gewürdigt werden sollten. Während das entdeckende Lernen am Sprachmaterial v.a. in der Gruppen- und Partnerarbeit beheimatet ist, sollte die Synopse der zuweilen sehr unterschiedlichen Ergebnisse im Klassengespräch erfolgen.

2.3 Beispiele impliziten und expliziten Lernens

Grundsätzlich ist implizites und explizites Lernen an fast allen Lerngegenständen möglich. Jüngere Lerner (etwa bis 9 Jahre) sind jedoch mit explizit-kognitiven Vermittlungsformen in der Regel überfordert. Implizite Struktur- und gezielte Wortschatzübungen dagegen sollten von Anfang an erfolgen und sind in spielerischer Form bereits in Vorschulgruppen sinnvoll.

Wie sind die in diesem Band vorgestellten Lernformen in Bezug auf implizites und explizites Lernen zu verorten?

a. Im Bereich der Lernspiele dominieren im Anfängerbereich v.a. Wortschatzspiele, teils fokussiert auf einzelne Lexeme, teils eingebettet in größere Strukturen. Grammatische Lernspiele sind hier meist so konzipiert, dass die intendierte Form vom Lernenden noch nicht selbsttätig gebildet werden muss. Vielmehr soll durch die Vorgabe korrekter Sprachformen, bisweilen gepaart mit verdeutlichenden optischen Signalen, das Sprachgefühl geschult werden (vgl. 2.4). Für fortgeschrittene Schüler/innen ab der 3./4. Jahrgangsstufe gibt es jedoch auch Spiele, die zur korrekten Bildung sprachlicher Formen herausfordern. Die meisten dieser Spiele enthalten auch Selbstkontrollmöglichkeiten, so dass sie für das individuelle Lernen im Klassenverband geeignet sind.
b. Lernszenarien (Hölscher 2008) zeichnen sich zunächst durch ein mehr implizites und wortschatzbetontes Profil aus. Die Unterrichtsform ist offen und vereint Elemente der Stationenarbeit und des Projektunterrichts. In vielfältigen handlungsbetonten Unterrichtsarrangements werden Lernanreize geschaffen, die dem Kind helfen, sich Sprache selbständig und individuell anzueignen. Ausgewählte grammatische und lexikalische Bereiche werden in Spielen und Aufgaben fokussiert und ansatzweise bewusst gemacht (z.B. Artikeltraining). Die Grammatikarbeit sollte aber immer durch den Unterrichtsgegenstand motiviert und somit funktional begründet sein. (→ *Steine, Im Zoo*)
c. In vielen Bilderbüchern treten durch die Wiederholung von Handlungsabfolgen bestimmte Strukturen gehäuft auf und bieten so einen Anreiz zu aktiver, teilweise auch imitativer Sprachverwendung, die die Übernahme in das produktive Sprachvermögen unterstützt. Besonders im Vorschul- und im Ein-

gangsbereich der Grundschule können solche Texte gewinnbringend für das generative Sprechen und Schreiben genutzt werden. Ab der 3. Jahrgangsstufe können einzelne Strukturen auch explizit betrachtet und geübt werden. Fokussierte Wortschatzübungen dagegen sind von Anfang an sinnvoll (→*Käfer Immerfrech, Fisch ist Fisch, Die kleine Hexe).* Parallel oder integriert mehrsprachige Bilderbücher eignen sich aufgrund des begrenzten Textumfangs in besonderer Weise auch für das interkulturelle Lernen (→ *Am Tag, als Saida zu uns kam*).

d. Implizite Spracharbeit ist auch im szenischen Spiel möglich. In der Regel müssen dazu Textvorlagen vereinfacht bzw. umgeschrieben werden. Wiederkehrende Textbausteine unterstützen dabei das notwendige Memorieren. Der ganzheitlich-affektive Zugriff unter Einbeziehung von Körpersprache sorgt für eine hohe Motivation und erhöht so den Lerneffekt. Lieder und Raps lockern das szenische Spiel auf und tragen bei gleichbleibenden Refrains zur Aneignung bestimmter Strukturen bei. (→ *Snore!, Wir sind der Schrecken aller Monster!*)
e. Texte, die im Rahmen generativer Schreibaufgaben oder zu Textbildern verfasst wurden, ermöglichen oft explizit-kognitive Betrachtungen, die zu einer größeren Sprachbewusstheit beitragen. **Sprachreflexion** und **Fehlerkorrektur an eigenen Texten** gehen hier Hand in Hand. (→ *Der Katzentatzentanz, Auch Nachbarn gehören zur Familie, Kellerträume, Wo oder wohin: Arbeit mit Textbildern*)
f. Die Fähigkeit zur Sprachreflexion gehört auch zu den Kompetenzen im neuen Lehrplan PLUS für das Fach Deutsch. Soweit möglich, sollten solche Reflexionen auch aus zweitspracherwerblicher Sicht erfolgen. (→ *Schnurzegal*)
g. Fachtexte weisen große Hürden in Bezug auf **Fachwortschatz** und **Strukturen** auf. Wortschatzübungen sind hier von Anfang an sinnvoll. Der explizite Umgang mit grammatischen Problembereichen erfolgt vor allem ab der 3. Jahrgangsstufe. Dabei steht in der Primarstufe das Verstehen schwieriger grammatischer Strukturen im Vordergrund. Die produktive Anwendung dieser Strukturen ist in erster Linie der Sekundarstufe vorbehalten. (→ *Orientierung im Straßenverkehr, Wie Apfelsaft hergestellt wird, Die Römer*)
h. Wortschatz und Strukturen sind durch Anwendung und Vertiefung dauerhaft zu vernetzen. Insbesondere stellt sich hier die Frage, wie bildungssprachlicher Wortschatz in den aktiven Sprachgebrauch (mündlich und schriftlich) überführt werden kann. (→ *Robustes Wortschatztraining*)

2.4 Lernspiele

Spiele haben in der Sprachdidaktik einen festen Platz. Der Prototyp eines Lernspiels besitzt ein vom Lernziel abweichendes Spielziel, das den eigentlichen Reiz der Tätigkeit ausmacht, gilt es doch, als erster seinen Stein in das Zielfeld zu setzen, seine Karten als erster abzulegen oder am meisten Punkte zu sammeln. Typische Spiele hierfür sind Legespiele (Memory, Lotto, Domino, Kartenspiel) oder Würfel- und Brettspiele. Neben solchen Konkurrenzspielen gibt es spielerische Übungen, die materialgestützt sein können (z. B. Steck- und Klammerspiele, Kimspiele), aber auch in Form körperbetonten Lernens durchgeführt werden können (z. B. Pantomime). Lernspiele und spielerische Übungen lassen sich differenzierend und motivierend in allen Phasen des Unterrichts einsetzen. Je nachdem wie sprachlich eng oder weit die Spiele konzipiert sind, bieten sie meist die Möglichkeit einer Selbstkontrolle. Dies ist bei offeneren kommunikativen Spielen natürlich nicht möglich.

Viele grammatische Lernspiele für den Grundschulbereich sind auf einen eher **impliziten Lernzuwachs** hin konzipiert, d. h. es handelt sich um Spiele, welche die grammatisch korrekte Form entweder schon vorgeben oder deren Produktion vom Schüler nicht ausdrücklich erwarten. Häufig bleibt der Lehrkraft die Entscheidung überlassen, inwieweit korrektes Nachsprechen vom Schüler einzufordern ist. Als Beispiel sei hier das schriftlose Lernspiel „Wo ist der Hund?" des Verlags Lingo Play genannt. Ziel des Spieles für Kinder ab 5 Jahren ist es, zu einer Reihe von Fragekarten die zugehörigen Antwortkarten zu sammeln. Die grammatische Herausforderung besteht in der Verbalisierung der Dativform nach lokalen Präpositionen, z. B.

„Wo ist der Hund?" – „Unter dem Sonnenschirm."

„Wo ist der Frosch?" – „Unter dem Hut."

In der Praxis stellt sich nun die Frage, wie mit fehlerhaften Schüleräußerungen umgegangen werden soll (*„Der Hund ist unter die Schirm."*). Sinnvoll ist auf jeden Fall, ein **korrektes Sprachmodell** anzubieten, also die Schüleräußerung korrigierend zu wiederholen und ggf. zu expandieren (*„Ja, der Hund ist unter dem Sonnenschirm. Hast du denn den Hund in deinen Karten?"*). Ob das Kind jedoch explizit zum Nachsprechen des korrekten Satzes aufgefordert werden sollte, hängt vom Sprachstand des Kindes ab. Hat es im konkret geschilderten Fall den Akkusativ (wenn auch noch mit Genusfehlern) bereits erworben und gebraucht es erste Dativformen, ist ein bewusstes Nachsprechen, ggf. auch mit gestischer oder gebärdensprachlicher Unterstützung (z. B. für das */m/* in *de<u>m</u>*) sinnvoll, da eine Integration der Sprachstruktur in das vorhandene Sprachwissen möglich ist.

Korrektes Nachsprechen ist auch dann sinnvoll, wenn sich durch das Lernspiel eine fehlerhafte Struktur einschleifen könnte, z. B. wenn sich – wie dies meist bei grammatischen Lernspielen der Fall ist – eine Struktur mehrfach wiederholt. So auch im Satzbauspiel „Er malt sich" (Verlag Lingo Play), das als (ebenfalls schriftloses) Mau-Mau-Spiel zur Einübung reflexiver Verben konzipiert ist. Sieger des Spiels ist, wer als Erster keine Karten mehr in der Hand hat. Ein Ablegen ist möglich, wenn die bereits liegende Karte entweder dieselbe Person oder dieselbe Tätigkeit zeigt:

Das Mädchen putzt sich die Zähne. → ***Das Mädchen*** *malt sich.*
→ *Der Junge* ***putzt sich die Zähne****.*

oder

Auch viele Lernspiele aus der Lernspielsammlung „Sprachbildung kompakt" (Finken Verlag) fördern u. a. den impliziten Grammatikerwerb durch korrekte Strukturvorgaben. Im folgenden Quartettspiel werden in beiläufiger Weise einfache Aussagesätze mit Akkusativobjekt geübt. Das laute Sprechen ist für eine gelungene Spieldurchführung erforderlich und wirkt damit nicht gekünstelt.

Eine eher **explizite Vermittlungsform** liegt dagegen in der folgenden spielerischen Übung vor, in der Personalformen den passenden Verbformen zuzuordnen sind. Der gezeigte Ausschnitt stammt aus der Logico Maximo – Reihe „Sprache untersuchen" (Finken Verlag). Der Anspruch an die Schüler/innen ist insofern noch etwas reduziert, als die Verbformen nicht selbst gebildet werden müssen, sondern aus einer Vorgabe auszuwählen sind (mit Selbstkontrolle).

Andere Lernspiele hingegen sind so konzipiert, dass der Lernende selbst den richtigen Begriff oder die korrekte Form nennen muss. Durch die Aufforderung zur korrekten Sprachverwendung besitzen diese Spiele einen höheren Explizitheitsgrad als die bisher genannten. Viele Wortschatzspiele sind so angelegt (z. B. „Unser kleiner Wörterladen", Finken Verlag), aber es gibt solche Spiele auch im sprachstrukturellen Bereich.

Im folgenden Lernspiel „Verben würfeln“ (Sprachbildung kompakt: In der Schule, Finken Verlag) ist die jeweils korrekte Verbform (z. B. im Präsens) zu bilden:

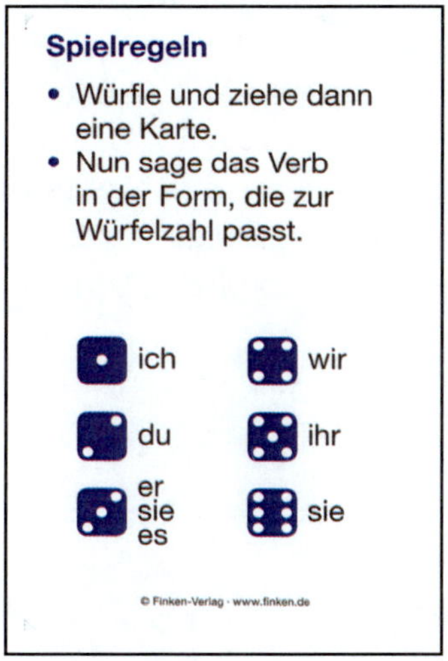

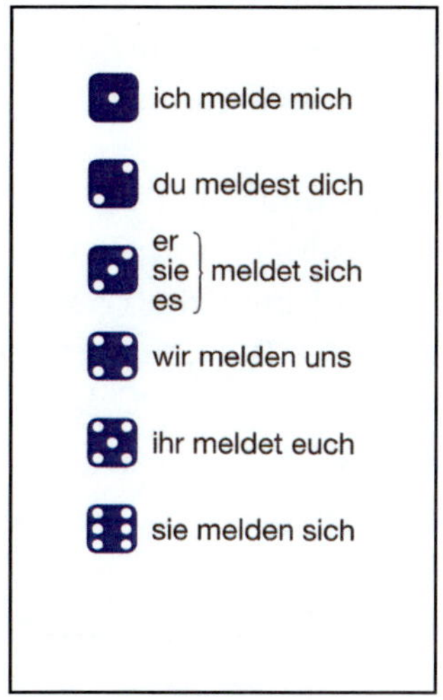

In einer weiteren spielerischen Übung (Bildkarten „In der Schule“) aus derselben Spielesammlung sind bei den Nomen Singular und Plural, bei den Verben dagegen verschiedene Zeitformen (Präsens, Perfekt, Präteritum) zu bilden. Die Kontrolle kann durch den Spieler selbst oder einen Spielpartner erfolgen:

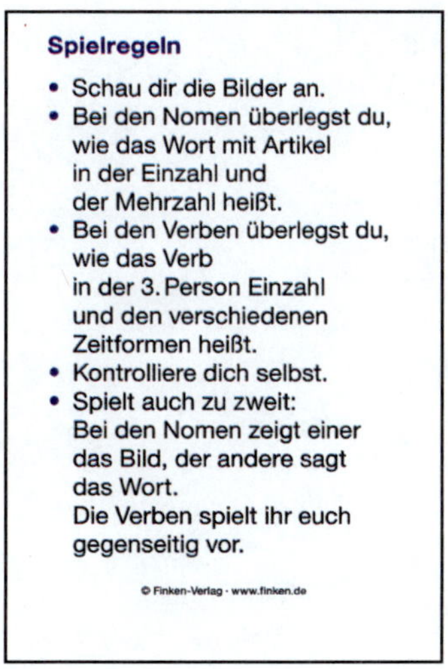

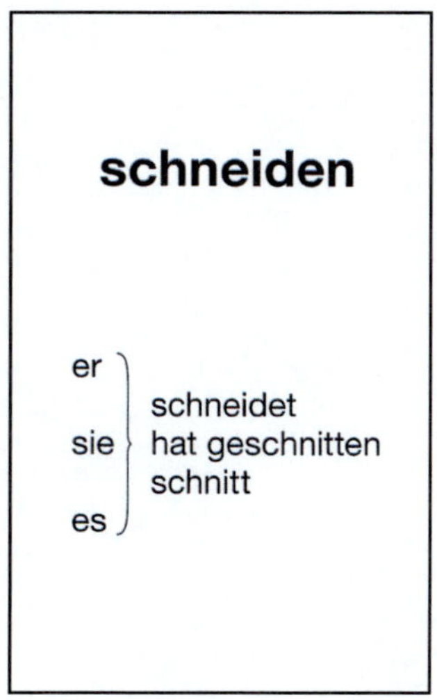

Neue Möglichkeiten des individuellen spielerischen Sprachtrainings bieten sogenannte „sprechende Stifte“ (z. B. Tellimero-Stift des Betzold-Verlags oder Bookii-Hörstift des Finken-Verlags). Die Kinder haben hierbei die Möglichkeit, gesprochene Wörter, Sätze oder gar Texte auf Bild- oder Textvorlagen abzurufen, indem sie mit dem Stift auf die entsprechenden Bilder oder Textstellen tippen. Mit Hilfe eines eingebauten Mikrofons können solche Übungen von der Lehrkraft auch selbst passgenau für die Lernenden erstellt werden (das könnten z. B. auch Vertonungen von Bilderbüchern sein) oder die Lernenden trainieren ihre Aussprache durch eigene Aufnahmen. Die bislang vorliegenden Materialien bieten sowohl implizite (z. B. Nachsprechen von Wörtern) als auch explizite Lernzugänge (z. B. Benennen von Bildern).

3. Fehlerdiagnose und Fehlerkorrektur

3.1 Welche Fehlertypen gibt es?

Ein Fehler ist „definiert in Bezug auf eine Norm, die in Abhängigkeit von den sprachlichen Kontexten sehr unterschiedlich sein kann“ (Chlosta/Schäfer/Baur 2017: 355). So ist die Fehlertoleranz im Mündlichen, da es hier mehr auf die Verständlichkeit ankommt, größer als im Schriftlichen. Wesentlich ist außerdem die situative Angemessenheit. Was im Umgang mit Gleichaltrigen als sprachlich unbedenklich gilt, kann im Gespräch mit Erwachsenen negativ bewertet werden. Darüber hinaus hängt die Fehlertoleranz auch vom Lernstand des Schülers sowie dem seiner Bezugsgruppe ab. Die sprachlichen Erwartungen an fortgeschrittene Lerner/innen sind höher als an Sprachanfänger – bestimmte Fehler werden hier auch stärker gewichtet –, und mangelnde Deutschkenntnisse fallen in einer ansonsten sprachstarken Gruppe stärker auf als in einer Gruppe mit vergleichbar geringem Sprachkenntnisstand.

Fehler kommen in allen sprachlichen Bereichen vor, in der Grammatik ebenso wie in der Orthografie, im Wortschatz, in der Aussprache oder in der Pragmatik. Sie haben unterschiedliche Ursachen und äußern sich in vielfältiger Weise. So sind **Performanzfehler** z.B. wegen fehlender Konzentration oder Müdigkeit eher vereinzelte Fehler, während Übergeneralisierungen (**er hat gegeht*), Überdehnungen wie *groß* statt *breit, hoch, dick*, **oder** Simplifizierungen (z.B. Gebrauch des Infinitivs statt flektierter Verbformen), oder bisweilen auch Interferenzen aus der Erstsprache zu den **Kompetenzfehlern** zählen, sofern sie bei einem Lerner systematisch auftreten. Es gibt **sichtbare**, aber auch **verdeckte** Fehler, also Fehler, die deshalb gar nicht vorkommen, weil das entsprechende sprachliche Phänomen im aktiven Sprachgebrauch vermieden wird. Eine geringe Fehlerzahl in einem Schülertext lässt daher nicht automatisch auf eine hohe grammatische Kompetenz schließen. Problematisch sind außerdem Fehler, die dem Lernenden als solche **nicht bewusst** sind. Die Frage *„Habt ihr alles verstanden?“* führt in solchen Fällen zu keiner zuverlässigen Antwort. Und dann gibt es **Übergangsfehler** (vgl. Chlosta/ Schäfer/Baur 2017: 359), d.h. notwendige Zwischenschritte auf dem Weg zur Zielsprache, deren Auftreten an sich sogar einen Lernfortschritt markieren kann. Sie lassen sich nicht so einfach beheben, wenn der Lerner noch nicht über die dafür notwendigen sprachlichen Voraussetzungen verfügt.

3.2 Übergangsfehler

Aus der Zweitsprachenerwerbsforschung besitzen wir wertvolle Erkenntnisse zur Aneignung grammatischer Strukturen unter vorrangig ungesteuerten Bedingungen. Wir wissen, dass Grammatik von jedem Lernenden individuell, teilweise aber auch in bestimmten, vom Lerner unabhängigen Abfolgen erworben wird. Grammatische Strukturen können aber nur dann angeeignet werden, wenn das sprachliche Angebot passgenau ist, d. h. die angebotenen Strukturen dürfen im Verhältnis zum jeweiligen Sprachstand nicht zu schwierig sein. Dies erfordert einen hohen Grad an Differenzierung der Lerngruppe, begleitet von kontinuierlicher Sprachdiagnose. Grundlage dafür können schriftliche Texte oder mündliche Sprachproben sein. Der regelmäßige Einsatz von Diagnosebögen dient dann als Grundlage für ein differenziertes Sprachtraining z. B. im Rahmen der Wochenplanarbeit.

Eine Möglichkeit, den grammatischen Voraussetzungen von Schülern mit noch geringen Deutschkenntnissen durch individuelle Aufgabenstellungen zu entsprechen, bietet das Sprachfördermaterial „Sprachförderung PLUS" für den Mathematikunterricht und andere Fächer (Großmann 2013 und Weis 2013). Je nach festgestellter grammatischer **Profilstufe** erhalten die Schüler/innen dabei Aufgaben, für deren Bearbeitung ein unterschiedliches Maß an grammatischen Kenntnissen erforderlich ist. Die zugrunde gelegten Profilstufen (Grießhaber 2007) sind durch die Stellung des Verbs in Aussagesätzen definiert. Alle vier Profilstufen werden im kindlichen Zweitspracherwerb problemlos in einer zwei- bis dreijährigen Kontaktzeit mit der deutschen Sprache erworben. Da der Erwerb der Verbstellung mit der Verfügbarkeit anderer grammatischer Bereiche (z. B. die Inversionsstellung mit der Verwendung von Pronomina und Präpositionen) einhergeht, wird ihm auch ein diagnostischer Wert zuerkannt (vgl. Heilmann 2012). Funktional ergiebig ist insbesondere das Erreichen der Profilstufe 1, da erstmals Objekte benannt werden können, und Profilstufe 2, weil die Klammerstellung u. a. ermöglicht, Aussagen mit Modalverben zu modifizieren oder über Vergangenes zu berichten (Perfekt). Die beiden weiteren Profilstufen schaffen weniger neue Ausdrucksmöglichkeiten, zeigen aber weitere Sprachfortschritte an. Diese Entwicklung geht häufig, aber nicht immer mit einem entsprechenden Wortschatzzuwachs einher, so dass die Profilstufenanalyse durch weitere Diagnoseverfahren ergänzt werden sollte.

Bruchstücke
Giraffe, fressen

⇩

Profilstufe 1: Einfache Sätze: Subjekt – Prädikat – (Objekt)
Die Giraffe frisst (Blätter).

⇩

Profilstufe 2: Klammerstellung des Verbs
Das Känguru kann weit springen.
Der Affe schält die Banane ab.

⇩

Profilstufe 3: Inversionsstellung (Subjekt nach Verb)
Im Robbenbecken sehen wir Kunststücke.
Am Kiosk kaufen wir Andenken.

⇩

Profilstufe 4: Nebensatz mit Verbendstellung
Wenn ein Erdmännchen eine Nuss findet, ...

Die ermittelte Profilstufe eines Schülers kann zumindest in struktureller Hinsicht didaktisch genutzt werden. Aufgaben zur produktiven Sprachanwendung können dazu anregen, die jeweils höhere Stufe sprachlich zu erproben, so dass beispielsweise Schüler/innen der Profilstufe 1 zur Verwendung der Klammerstellung herangeführt werden (Beispiele unter 4.2 *Im Zoo*).

Auch der Genus- und Kasuserwerb erfolgt in aufeinander aufbauenden Schritten (vgl. Forschungsübersicht in Ahrenholz 2009). So weiß man, dass in der Regel die Aneignung von Kasusformen dem Erwerb des Genus vorausgeht, und dass dabei eine bestimmte Reihenfolge eingehalten wird (Nominativ vor Akkusativ vor Dativ). Im Gegensatz zu den grundlegenden Wortstellungen gehört jedoch die Genus-/Kasusflexion zu den schwierigsten Bereichen der deutschen Sprache und zeigt sich auch in besonderer Weise erwerbsresistent.

3.3 Lexikalische und grammatische Fallstricke

Monolinguale Schulanfänger/innen verfügen produktiv über ca. 5000 bis 9000 Wörter, während der Verstehenswortschatz auf 10000 bis 14000 Wörter geschätzt wird (vgl. Apeltauer 2017: 309). Für Kinder mit Migrationshintergrund fehlen vergleichbare Daten, doch zeigt die Praxis, dass vielen Kindern elementarer Wortschatz in der deutschen Sprache fehlt. Doch selbst wenn die alltagssprachliche Kommunikation gelingt, sind häufig **bildungssprachliche Ausdrücke** nicht verfügbar. Wörter wie *lächeln, schmunzeln, das Gesicht zu einem Grinsen verziehen, ächzen, erwidern, entgegnen* sind schriftsprachlich geprägt oder kommen in der gesprochenen Sprache gar nicht vor. In der Regel mangelt es an differenzierten Begriffen (siehe die oben beschriebenen *Überdehnungen*), und die Reichweite einzelner Ausdrücke wird nicht erfasst. So kann man im Deutschen zwar ein *Auto*, nicht aber ein *Fenster waschen*. Und während das Wort *Frau* im Italienischen mit drei unterschiedlichen Lexemen wiedergegeben wird ('donna, signora, moglie'), wird das italienische *ma* im Deutschen mit 'sondern' und 'aber' übersetzt. Hinzu kommt das Problem, dass Lexeme oft mehrere Bedeutungen haben können (z. B. *billig*: *eine billige Ausrede, billige Tomaten, billig davonkommen, billig aussehen, mehr recht als billig*).

Neben den bildungssprachlichen Simpliza stellen auch **Wortbildungen** eine große Hürde dar. Ableitungen erfordern feine semantische Differenzierungen je nach Präfix (*sehen, wegsehen, zusehen, …*) oder Suffix (*hölzern* vs. *holzig* oder *kindlich* vs. *kindisch*). Dabei kann ein und dasselbe Präfix auch ganz unterschiedliche Bedeutungen haben. So hat *ver-* in *verbiegen* eine negative Konnotation, in *verreisen* dagegen eine lokale Bedeutung, und in *verdampfen* drückt *ver-* einen Übergang in einen neuen Zustand aus. Komposita sind in einzelne Bausteine zu zerlegen und die Beziehung zwischen diesen zu deuten. Bei vielen Komposita lässt sich die Gesamtbedeutung nicht aus den Einzelteilen ableiten (z. B. *Zaunkönig*). Schwierig sind auch Ausdrücke mit metaphorischem Gehalt, der als solcher erst einmal erkannt werden muss, bevor der bildliche Transfer geleistet werden kann (*auf ein falsches Gleis geraten; Verkehrsinsel*). Relativ unauffällig, aber deshalb nicht weniger schwer zu erwerben, erscheinen im Vergleich dazu präpositionale Mehrworteinheiten (*warten auf, zufrieden sein mit*), Funktionsverbgefüge (*zum Abschluss bringen*) oder die bereits angeführten Kollokationen (*Fenster putzen, eine Frage stellen*).

Zu den lexikalischen Herausforderungen gesellen sich typische **grammatische Fallstricke** (vgl. Hoffmann/Weis 2011), wie der folgende Schülertext zeigt:

Einer meiner Freunde ist Norbert er erzählte mir, was im Bagdat pasiert war. Norbert hörte eine stimme, Freunde wir haben wenig geld kaufen wir mit diesen geld eine ekmek. Mein Freund Norbert hörte und sagte, das er eine türke ist, weil bei türkisch heißt Brot ekmek. Dann sagte der Italiener kaufen wir lieber pane auf Italienisch heißt Brot pane. Dann hörte Norbert eine dritte stimme er sagte kaufen wir eine kruh weil das heißt auch Brot. Die streiteten und schlägten mit dem Fausten. Norbert könnte nichts aushalten und sagte Norbert zu die leuten warum streitet ihr denn so. Die Leute möchten alle Brot. Brot erfüllt ihre wünsche, gibts mir ihre geld dann bringe ich euch ekmek oder Kruh oder pane sagte Norbert. Norbert gehte zu den nächste Brotgeschäft und kaufte er eine leckeres Brot zu den Leuten. Die leute essten das Brot und wunderten sich.

Auffällig sind neben den rechtschriftlichen die grammatischen Abweichungen, an denen die Sprachförderung ansetzen sollte:

- Die Regularisierung unregelmäßiger Verben (*schlägten, streiteten, gehte, essten*);
- Der Gebrauch von Präpositionen und ihrer Rektionseigenschaften (*bei ürkisch, mit diesen geld, im Bagdat, sagte ... zu die leuten, kaufte ... zu den Leuten*);
- Die Verwendung von Pronomen und ihre Flexion (*Brot erfüllt ihre* (statt: eure) *wünsche*; *gibt mir ihre* (statt: euer) *geld*). Werden Pronomen im falschen Genus verwendet, so kann dies auch die Textkohärenz beeinträchtigen (*eine dritte Stimme ... er sagte*);
- Die Flexion von Nomen und attributiven Adjektiven in Genus (*eine ekmek, eine türke, ihre geld, eine leckeres Brot*), Kasus (*mit diesen geld, zu den nächste Brotgeschäft*) und Numerus (*mit dem Fausten*);
- Verwendung konzeptionell mündlicher Strukturen, vor allem im Zusammenhang mit der Konjunktion *weil*, aber auch in der Aufforderung *gibt's*.
- Syntaktische Schwächen in Satzreihen (*... und sagte Norbert, ... und kaufte er*)

Ein wesentliches Ziel des Sprachunterrichts ist es, die Lernenden zur **eigenständigen Überarbeitung** von Texten hinzuführen. Dazu müssen sie auch lernen, Nachschlagewerke zu verwenden. Eine Aufgabe könnte im genannten Beispiel also sein, nach entsprechender Einführung in die Wörterbucharbeit die unregelmäßigen Verben nachzuschlagen und die Großschreibung von Nomen (sowie ggf. die Zeichensetzung) zu beachten. Schwieriger gestaltet sich die Überarbeitung des Deklinationsbereichs (Artikel, Adjektive, Nomen). Hier ist eine gezielte Einheit zu Dativ-Präpositionen (z. B. *mit, zu, bei*) auf der Grundlage der Schülertexte angeraten.

Andere grammatische Schwierigkeiten wie Nominalisierungen, Partizipialkonstruktionen oder Passivsätze, die bevorzugt in fachsprachlichen Texten zu finden sind, müssen von Grundschülern noch nicht aktiv beherrscht werden. Fortgeschrittene DaZ-Lernende sollten aber – im Hinblick auch auf die Anforderungen weiterführender Schulen – lernen, solche Strukturen zu **verstehen**.

3.4 Wie sollten Fehler korrigiert werden?

Die Einschätzung des Lernstandes setzt Erfahrung und fundiertes Wissen der Lehrkraft über spracherwerbliche Gesetzmäßigkeiten und Schwierigkeiten der deutschen Sprache voraus, um situationsangemessen mit Fehlern umgehen und gezielte Fehlerdiagnosen vornehmen zu können. In Bezug auf den Umgang mit sprachlichen Fehlern im Unterricht sind dabei folgende Aspekte von Bedeutung:

a. Fehler im Mündlichen haben einen anderen Stellenwert als im Schriftlichen. Eine Korrektur in Gesprächen sollte dann erfolgen, wenn die Kommunikation beeinträchtigt wird (vgl. Chlosta / Schäfer / Baur 2017: 359 f). Explizite Korrekturen (*„Ich Bad gegeht“* → Lehrer: *„Ich (!) bin ins Bad gegangen“*) sind dabei aber zu vermeiden. Vielmehr sollte die Schüleräußerung grammatisch korrekt und **modellierend** aufgegriffen und kommunikativ weitergeführt werden (*„Ich Bad gegeht“.* → Lehrer: *„Du (!) bist also ins Bad gegangen. Und was ist dann passiert?“*). Der Lernende erfährt damit keine direkte Korrektur, sondern eher ein sprachliches Angebot, das er je nach erreichtem Sprachniveau für sich nutzen kann.
   Geht es jedoch explizit um das Einüben bestimmter sprachlicher Mittel, ist eine unmittelbare Korrektur sinnvoll. Im Grammatikbereich kann man mit arbiträren Symbolen oder Gesten arbeiten (z. B. Farbsymbole für das Genus, Zeichen für unregelmäßige Verben), welche die Schüler / innen zur Reflexion und Selbstkorrektur veranlassen und dabei auch die Aufmerksamkeit der Mitschüler auf das Sprachproblem lenken. Eine stärkere Steuerung bieten Symbole oder Gesten, die eine gewisse Ähnlichkeit zum bezeichneten Sachverhalt haben, wie z. B. in Gebärdensprachen. So kann die Lehrkraft beispielsweise zur Verdeutlichung des Lautes */ m /* im Dativ (z. B. *auf dem Tisch*) drei Finger über den Mund legen und so zur Selbstkorrektur auffordern. Selbstkorrekturen sollten in jedem Fall vor Fremdkorrekturen stehen.
b. Anders als mündliche bieten schriftliche Texte vielfältige Möglichkeiten der Schülerkorrektur und der Fehleranalyse durch die Lehrkraft. Schüler können ihre Texte aber natürlich nur dann korrigieren, wenn Normen vorab besprochen und verstanden wurden. Um Selbstkorrekturen effektiv zu unterstützen, sollten gerade bei stark fehlerhaften Texten **Schwerpunkte** gesetzt werden. So kann sich der Lernende z. B. auf die Groß- / Kleinschreibung konzentrieren, auf starke und schwache Verbbildung, auf Satzeinleitungen oder auf das ver-

wendete Tempus. Die Artikelsetzung in freien Textproduktionen kann nur von sehr fortgeschrittenen Schülern (nach Besprechung der Kasusformen!) selbständig korrigiert werden. Dieses Niveau wird mit Abschluss der 4. Jahrgangsstufe oft nicht erreicht. Eine bewusste Auseinandersetzung mit individuellen Genus- und Kasusfehlern ist jedoch bei generativen Schreibtexten möglich, die an sich grammatisch weniger komplex sind. Grundsätzlich sollten die Lernenden bei der Korrektur Hilfsmittel wie Wörterbücher oder selbst angefertigte Übersichten (z. B. die Formen der häufigsten unregelmäßigen Verben) zur Hand haben.

Neben der Selbstkorrektur bietet sich im schriftlichen Bereich auch die Fremdkorrektur durch Mitschüler/innen an, die hier als „Sprachspezialisten“ fungieren. Ziel ist weniger eine befriedigende Korrektur des Schülertextes als eine Sensibilisierung der Lernenden für sprachliche Strukturen, die ihrer eigenen Textproduktion wieder zugutekommt.

c. Eine Korrektur sollte außerdem dann erfolgen, wenn bestimmte Fehler fossilieren. In diesem Fall sollte die Korrektur an eine Besprechung des Fehlers geknüpft werden (*„Mir ist aufgefallen, dass du oft* ***ich bin gegeht*** *sagst...“*), um ihn stärker ins Bewusstsein zu rücken (*monitoring*) und bei Bedarf daran zu erinnern. Selbstverständlich können und sollten gerade solche Korrekturen Bestandteil z. B. der Wochenplanarbeit sein.

d. Individuelle Förderung ist nur möglich, wenn sich die Lehrkraft ein umfassendes Bild über die **sprachlichen Voraussetzungen** des Schülers/der Schülerin verschafft: Was kann das Kind? Um welche Fehler handelt es sich? Kommen bestimmte Fehler häufig vor? Was soll das Kind als Nächstes lernen? Die datengestützte Analyse mündlicher Fertigkeiten ist in den Schulalltag eher schwer zu integrieren und bedarf sinnvollerweise der Anwesenheit einer weiteren Lehrkraft, die – ebenso wie in Screenings oder halbstandardisierten Verfahren üblich – freie Sprachproben auf Tonträgern speichert, um sie dann zu transkribieren. Dabei können ähnliche Analysekriterien verwendet werden wie im schriftlichen Bereich. Es sollte jedoch klar sein, dass typisch mündliche Elemente wie Satzabbrüche und syntaktische Umstellungen (z. B. *Ausklammerungen* wie *Ich hab den gesehen gestern.*) nicht denselben Stellenwert wie im Schriftlichen haben. Die von Jeuk/Schäfer (vgl. Jeuk 2017: 74) oder Rösch (2011: 54f) vorgestellten Analyseraster greifen die oben vorgestellte und durch die Stellung des Verbs bestimmte Erwerbsabfolge von Grießhaber (vgl. Pkt. 3.2) auf und ergänzen diese durch weitere Kriterien wie Nomenflexion oder Präpositionen. Besonders bei Rösch (2011) sind hierbei auch der verwendete Wortschatz und die Formenbildung von Interesse. Insofern ist dieses Raster besonders für die sprachliche Diagnose fortgeschrittener Deutschlerner geeignet:

- Über welche Wortarten (Nomen, Verben, Präpositionen, Adjektive etc.) verfügt das Kind?
- Ist ihre Verwendung zielsprachengerecht?
- In welchen Formen kommen sie vor (bei Verben z. B. Zeitstufen, Konjunktiv, Passiv)?
- Wie wird die Flexion von Nominalgruppen gemeistert?
- Welche Kasusformen beherrscht das Kind?
- Werden Nebensätze gebraucht?
- Werden im Schriftlichen Textverknüpfungsmittel und variable Satzanfänge verwendet?

Bis zum Alter von 7 Jahren kann außerdem – geht es um die sprachstrukturelle Entwicklung – das standardisierte Verfahren „Lise-DaZ" (Tracy / Schulz 2011) verwendet werden. Es testet – abhängig von der Kontaktdauer zur deutschen Sprache – das Sprachverständnis und die produktiven Sprachfähigkeiten. „Lise-DaZ" erfasst die grammatischen Bereiche, die Befunden der Spracherwerbsforschung zufolge normalerweise in einer klar umrissenen Zeitspanne erworben werden. Auf der Grundlage der Testergebnisse erhält die Lehrkraft konkrete Hinweise auf den Förderbedarf.

4 Fokussierte Spracharbeit in Lernszenarien

Die Szenariendidaktik, begründet durch den Englischdidaktiker Hans-Eberhard Piepho, versucht der Heterogenität der Lerngruppen in Bezug auf die individuellen Lernvoraussetzungen durch ein breites Angebot unterschiedlicher Aufgaben zu einem Kernthema gerecht zu werden. Die Themen knüpfen an einen Erfahrungsbereich der Lernenden in bestimmten Sachfeldern oder an literarische Texte an. Die Schüler wählen aus dem bestehenden Angebot je nach sprachlicher Kompetenz und/oder Interesse Aufgaben aus, die sie in verschiedenen Sozialformen bearbeiten (vgl. Hölscher ²2008: 160f). Die Aufgabenformate sind der Idee nach zunächst offen gestaltet, gerade bei Sprachanfängern bieten sich aber auch geschlossene Aufgaben an, in denen auf bestimmte sprachliche Bereiche fokussiert werden kann.

4.1 Steine

Steine üben eine Faszination auf Kinder aus. Sie laden ein zum Betrachten, Fühlen, Sammeln und Phantasieren. Ihre unterschiedlichen Größen und Formen, ihr Gewicht sowie die Beschaffenheit ihrer Oberfläche wollen erkundet und verglichen werden. Viele Kinder finden auch Gefallen am Sortieren von Steinen oder an kreativen Bastelarbeiten. Für den DaZ-Unterricht bieten sich hier viele Möglichkeiten, die Phantasie der Kinder anzuregen und dabei ihr sprachliches Ausdrucksvermögen zu erweitern. Offen gestellte Aufgaben könnten darin bestehen, mit gebastelten Steinfiguren Miniszenen zu entwickeln und diese spielen zu lassen oder andere Spiele (z. B. Hüpf- oder Brettspiele) mit Steinen zu erfinden und dazu eine Spielanleitung zu verfassen. Eine weitere Möglichkeit ist, die Eigenschaften von Steinen (*rund, kantig, spitz, glatt, rau*) aufzugreifen und so den Wortschatz gezielt zu erweitern. Implizit können dabei auch grammatische Strukturen geübt werden, insbesondere die attributive und prädikative Stellung der Adjektive oder ihre Steigerungsformen:

Ein runder/eckiger/kantiger ... Stein.
Der Stein ist rund/eckig/kantig ...
Ich habe einen runden/eckigen/kantigen ... Stein.
Welcher Stein ist eckiger?

Während die einen Kinder an diesen Strukturen arbeiten, wagen sich andere schon an das Schreiben kleiner Steine-Geschichten. Worin der Lernzuwachs jeweils bestehen soll, ist von den vorhandenen Kompetenzen des einzelnen Schülers abhängig. Grundsätzlich ist aber zunächst für alle Kinder die Arbeit am Wortschatz sinnvoll.

Möglicher Ablauf für die 1. Jahrgangsstufe:

Thematische Einstimmung

Die Kinder sitzen im Kinositz. Die Lehrkraft zeigt den Kindern ein selbstgebasteltes Steinmännchen und beginnt dazu eine Geschichte:

„Hallo, ich heiße Sassolino. Das ist Italienisch und bedeutet 'Steinchen'. Ich komme aus den Bergen. Dort lag ich einige Jahre in einem Bach. Ein kleines Mädchen hat mich gefunden und nach Hause gebracht. Das Mädchen hat mir einen Bauch, Arme und Füße gegeben und mich in ein Regal gestellt. Es gefällt mir gut hier, aber manchmal habe ich Sehnsucht nach meinem großen Steinfreund, dem Berg."

Die Kinder äußern sich zu dem Stein, versuchen ihn zu beschreiben, z. B.: *„Sassolino hat einen eckigen Kopf, sein Bauch ist dick, er hat keine Beine, sein Körper ist glatt ...“*

Die Lehrkraft greift fehlerhafte Äußerungen korrigierend auf und führt die Gedanken weiter (z. B. *„Ja, er hat einen eckigen Kopf, und was hat er noch?“*).

Welche sprachlichen Mittel erfordert diese Phase? Die Beschreibung des Steins kann durch prädikative Adjektive (*... ist dick ...*), oft gepaart mit Possessivpronomen (hier: *sein, seine*) realisiert werden oder durch eine *„haben“*-Konstruktion mit Akkusativ des Artikels und Adjektivs (*ei**nen** ecki**gen** Kopf*).

Dazu könnten auch Sprachhilfen angeboten werden, doch steht momentan noch nicht die korrekte Sprachverwendung im Vordergrund, sondern die Freude und das Interesse der Kinder am Thema sowie ihre Identifikation mit der Steinfigur.

Begriffe sammeln und üben

Die Lehrkraft erzählt weiter: *„Das Steinmännchen hatte viele Freunde. Ich habe dir einige davon mitgebracht.“*

Jeder Schüler darf sich aus einer Sammlung von Steinen ein Exemplar aussuchen. Die Schüler versuchen zu begründen, was ihnen an ihrem Stein besonders gut gefällt. Dabei kommt es auch auf die Wahl passender Beschreibungsmerkmale an. Die Lehrkraft unterstützt die Kinder mit Wortmaterial, das sie auf Wortkarten vorbereitet hat. Diese Karten werden parallel zu den Beschreibungsversuchen der Kinder für alle sichtbar an die Tafel geheftet. Schwierige Wörter wie *kantig, rau, glatt* werden von mehreren Schülern einzeln, dann im Chor wiederholt und der jeweilige Stein dazu befühlt. Schüler, die das betreffende Merkmal auch an ihrem Stein entdecken, äußern sich dazu („*Ich habe auch einen spitzen Stein.*").

Um den Wortschatz zu verinnerlichen, spielen die Kinder das „Steinesalat"-Spiel, das ihnen vom Spiel „Obstsalat" prinzipiell schon vertraut ist: „*Alle Kinder mit einem spitzen/glatten/rauhen/... Stein wechseln den Platz!*"

Grammatisch erfordert das „Steinesalat"-Spiel die Flexion des attributiven Adjektivs in Kombination mit dem unbestimmten Artikel im Dativ. Da nur die maskuline Form (*der Stein*) erforderlich ist, ist auch der Schwierigkeitsgrad dieser ansonsten hochkomplexen Struktur stark reduziert:

Alle Kinder mit eine**m** spitz**en** Stein...!

Alle Kinder mit eine**m** rund**en** Stein...!

Als Hilfe kann das Beispiel „*Alle Kinder mit eine**m** spitz**en** Stein!*" an die Tafel geschrieben werden. Mit der Hervorhebung der korrekten grammatischen Endung befinden wir uns bereits an der Schwelle zur expliziten Grammatikvermittlung.

Eine weitere Möglichkeit, Wortschatz und Struktur spielerisch zu trainieren, ist das sog. *Lebendige Memory.* Zunächst werden etwa 4 Spieler/innen bestimmt. Alle anderen Kinder erhalten je eine Wortkarte, auf welcher ein bestimmter Stein beschrieben ist (z.B. „*ein runder Stein*", „*ein glatter Stein*"). Jede Wortkarte ist zweifach vorhanden. Die Schüler/innen stellen sich locker verteilt in den Raum. Die Spieler tippen nun die Mitschüler an und fragen „*Wer bist du?*". Der/die Angesprochene antwortet z.B. mit „*ein runder Stein*". Ziel ist es, die Schülerpaare zu finden, die dieselbe Wortkarte besitzen.

Phantasiereise und freies Erzählen

Phantasiereise: Die Schüler legen sich auf den Boden, schließen die Augen und hören meditative Musik. Dabei überlegen sie sich eine Geschichte für ihren Stein. Wer will, darf diese Geschichte im Anschluss erzählen.

Diese Phase fokussiert keine bestimmte sprachliche Struktur, im Zentrum steht vielmehr die Förderung des freien Sprechens, das durch strukturelle Vorgaben an dieser Stelle – es geht um das Mitteilen von emotionalen Erfahrungen – nicht gehemmt werden sollte. Außerdem dient diese Phase den sprachlich fortgeschrittenen Schülern und Schülerinnen als Einstieg in die eigene Textproduktion.

Differenzierte Spracharbeit: Wortschatz und Strukturen

Die Klasse wird je nach sprachlichen Kenntnissen in Gruppen aufgeteilt.

- Gruppe 1 (Profilstufe 0): Kinder dieser Gruppe verfügen nur über einige bruchstückhafte Begriffe. Sie sind jedoch in der Lage, Wörter eigenständig zu erlesen.

- Gruppe 2 (Profilstufe 1): Kinder dieser Gruppe können einfache Aussagesätze bilden. In der Regel ist der Wortschatz sehr eingeschränkt.
- Gruppe 3 (Profilstufe 2 und 3): Diese Schüler/innen haben Grundkenntnisse in der deutschen Alltagssprache und können einfache Sätze mit Verbklammer und ggf. auch Inversionen formulieren.
- Gruppe 4 (mindestens Profilstufe 4): Diese Kinder sind in der Lage, kohärente kleine Texte mit relativ elaborierter Struktur einschließlich Nebensätzen zu produzieren. Voraussetzung ist allerdings eine ausreichende Schreiberfahrung (DaZ-Schüler und Muttersprachler).

Gruppe 1:

Schüler/innen mit sehr geringen Deutschkenntnissen sollten im Rahmen des Lernszenariums die Möglichkeit erhalten, den eingeführten Wortschatz zu festigen. Sofern sie diese Aufgabe nicht selbständig erledigen können (z. B. bei mangelnden Lesefähigkeiten), muss diese Gruppe auch im weiteren Unterrichtsverlauf intensiv von der Lehrkraft betreut werden.

Jedes Kind erhält drei Wortkärtchen mit verschiedenen Adjektiven. Aufgabe ist, aus einem Fühlsack passende Steine zu den Adjektiven zu finden. Neben dem Wortschatztraining wird, implizit auch die Struktur des attributiven Adjektivs im Akkusativ geübt: *„Finde ei**nen** dreiecki**gen** Stein! Suche ei**nen** run**den** Stein!“*

Der Umfang des neuen Wortschatzes ist an den Vorkenntnissen der Schüler zu orientieren. Mehr als acht neue Wörter sollten es jedoch nicht sein, z. B.: *klein, groß, eckig, rund, glatt, rau, lang, kurz.*

Die zweite Aufgabe besteht darin, zu einer vorgegebenen Beschreibung Steine im Hof zu sammeln und auf das Arbeitsblatt zu malen. Dabei wird neben den Adjektiven auch implizit das attributive Adjektiv (Nominativ Maskulinum) geübt:

Im Hof sind viele Steine. Suche sie!

→ **ein** groß**er** Stein/

ein klein**er** Stein/

ein glatt**er** Stein

...

Steht keine zusätzliche Lehrkraft für diese Aufgabe zur Verfügung, könnten die Kinder alternativ im Klassenzimmer nach weiteren Gegenständen mit den besprochenen Eigenschaften suchen (z. B. *Die Kreide ist glatt.*) und so den Wortschatz stärker vernetzen. Im Anschluss entwerfen sie zur Festigung des Wortschatzes ein „Steine-Plakat“ (alternativ: *Wiewörter*-Plakat), das sie beschriften und mit den gefundenen Steinen, Gegenständen oder Bildern gestalten.

Gruppe 2:

Auch diese Kinder üben zunächst noch einmal den Wortschatz (Fühlsack), ggf. wird der Wortschatz ausgeweitet (*wellig, gebuchtet, flach, eiförmig, länglich, gepunktet, gestreift, dreieckig*). Im Anschluss malen sie analog zu einem vorgegebenen Beispiel selbst ein Steinmännchen und beschriften es.

Das ist Sassolino.

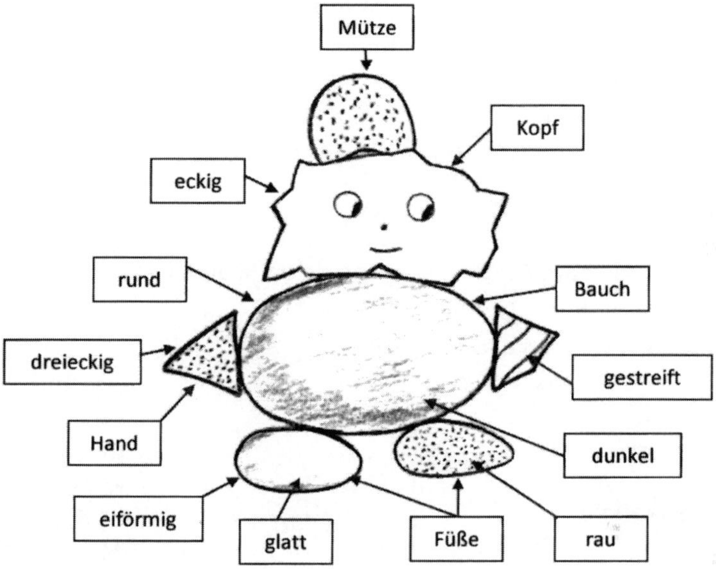

Sassolino sucht einen Freund. Male für ihn ein anderes Steinmännchen. Beschrifte dein Steinmännchen.

Beschreibe jetzt dein Steinmännchen:

Der Kopf ist ______________________ und ______________________________.

Der Bauch ist ________________ und ______________________.

Die Mütze ist ______________________ und ______________________________.

Die Hände sind ________________ und ______________________.

Die Füße ________________ ________________ und ________________.

Während es in dieser Phase vorrangig um die Sicherung des Wortschatzes geht, kann in einer weiteren Unterrichtseinheit auch strukturell gearbeitet werden. Für Kinder zwischen Profilstufe 1 und 2 eignen sich z. B. Übungen zum Aufbau der Verbklammer:

Bilde sinnvolle Sätze.

Ein Mädchen		mir Füße angeklebt.
Das Mädchen		mich gefunden.
Ich	hat	mich in das Regel gestellt.
Es	habe	mich hierher gebracht.
Der Stein		in den Bergen gelebt.

In einer anspruchsvolleren Variante sind die Sätze selbst zu bilden. Diese Aufgabe ist auch für Kinder der Profilstufe 2 geeignet:

1. ein kleines Mädchen – mich – gefunden – hat
2. sie – gebracht – mich – hat – nach Hause
3. in ein Regal – sie – mich – gestellt – hat
4. ich – früher – habe – in den Bergen – gewohnt

Gruppe 3:

Zunächst sichern die Kinder dieser Gruppe den Wortschatz, indem sie die Zeichnung des Steinmännchens beschriften.

Das ist Sassolino. Beschrifte das Bild.

glatt • Füße • rau • dunkel • gestreift • Bauch • Kopf • Mütze • eckig • rund • dreieckig • Arm • eiförmig • halbrund • gebuchtet • gepunktet • wellig

Im Anschluss wählen die Kinder einen Stein und bearbeiten dazu folgende Aufgabe:

Schreibe ein Steinerätsel.
So kannst du deinen Stein beschreiben:

Mein Stein ist ...
Er hat ...
Mein Stein sieht aus wie ....

„Mein Stein ist helgrau. Er hat weise punkte und Er ist rund. Er ist glat. Mein Stein sit aus wi ein bumeran er ist welig. Er kan Sten. Er ist ein dreieg. Er sit wie Ein herz aus.“

Gruppe 4:

Die Kinder wählen einen der mitgebrachten Steine, geben dem Stein durch Bemalen eine Identität und schreiben ohne weitere Vorgaben eine Steingeschichte.

Hallo mein Name ist Stein mein Papa und meine Mama heisen Maundeverist wir Haben zusamen Gelebt als ich herunter gefalen bin dan wollte ich wieder hinauf aber ich bin immer hinunter Gekulerd auf einmal bin ich ins Meer Gekulerd und ich bin nach Deutschland Geschwomen dan hat mich dieser Junge Gefunden und nun bin ich ein Delfin.

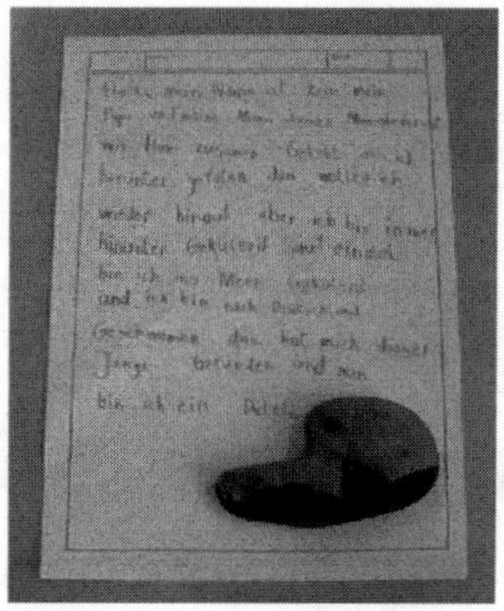

Präsentation der Arbeitsergebnisse

Die Gruppen präsentieren ihre Arbeitsergebnisse im Stuhlkreis. Dabei hat Gruppe 3 die Möglichkeit, durch Vorlesen ihrer „Steinerätsel" die anderen Gruppen zum Finden der passenden Steine anzuregen und so in die Präsentation mit einzubeziehen.

Ausklang: Steine-Spiel

Die Kinder spielen in Gruppen ein „Steinespiel". Jeder Schüler hat einen Bindfaden, an dem ein kleiner Stein befestigt ist. Die Steine werden so in eine Flasche gehängt, dass sie den Boden berühren. Auf ein Kommando hin versuchen die Schüler/innen ihre Steine aus der Flasche zu ziehen. Das Spiel fördert die soziale Kompetenz, denn die Kinder müssen sich beim Herausziehen untereinander absprechen, damit sich die Steine nicht gegenseitig im Flaschenhals behindern.

4.2 Im Zoo

Kinder lieben Tiere, als Haustiere, Stofftiere, im Fernsehen, in Comics und Büchern. Die Begeisterung und das Interesse für Tiere kann im Fach Deutsch als Zweitsprache auf effektive Weise für den individuellen Sprachzuwachs genutzt werden. Die originale Begegnung im Zoo schafft lebhafte Sinneseindrücke, die versprachlicht werden wollen. Dabei geht es zunächst um die **Bezeichnung der Tiere** (*der Elefant, die Löwin, ...*) sowie für sprachlich Fortgeschrittene um einen **Aufbauwortschatz** (*Schnauze, Tatzen, Schwanzquaste, Winterruhe ...*) und die

Verbalisierung komplexerer Sachverhalte (*Der Elefant hat große Ohren, damit er sich Luft zufächeln kann*).

Das folgende Beispiel für eine 2./3. Jahrgangsstufe zeigt, wie im Rahmen eines Lernszenariums ein sprachliches Angebot bereitgestellt wird, aus dem jeder Schüler seinem sprachlichen Können gemäß Nutzen ziehen kann. Wortschatz und grammatische Strukturen werden zunächst über den Zoobesuch und schriftliche Quellen aufgebaut und schließlich in **differenzierenden Aufgabensets** geübt.

Praktische Umsetzung

Recherchen und Vorarbeiten

Im Vorfeld des Zoobesuches recherchieren die Kinder online wichtige Informationen wie Öffnungszeiten oder Preise. Sie notieren sich, welche Tiere sie besonders interessieren und zu welchen sie weitere Nachforschungen anstellen möchten:

Wo lebt das Tier?

Was frisst das Tier?

Wie groß wird das Tier?

Welche Farbe hat sein Fell?

Welche Besonderheiten finde ich noch interessant?

Implizit wird hierbei die Fragesatzform (*w*-Fragen) geübt. Gleichzeitig wird mit der Formulierung der Frage auch wichtiges Wortmaterial für die Formulierung der Antwort bereitgestellt.

Anhand eines skizzenhaft erstellten Zoo-Lageplans stellen die Kinder Vermutungen über die Unterbringung der Tiere im Zoo an. Zoo-„Experten“ können ihr vorhandenes Wissen einbringen und greifen dabei auf bereitgestellten oder gemeinsam erarbeiteten Wortschatz (*links neben, gegenüber von, …*) zurück:

Die Löwen sind links **neben dem** Eingang.

Die Paviane sind rechts **neben dem** Löwengehege.

…

Zur Lokalisierung der Gehege sind Präpositionen mit Dativ erforderlich. Zwar könnte man sich auch durch Zeigen auf den Plan behelfen (*„Die Löwen sind da.“*), doch sollte die komplexere Umsetzung der Aufgabe gerade von sprachlich Fortgeschrittenen beharrlich eingefordert werden. Je nach sprachlicher Voraussetzung kann auch korrigierend auf die Verwendung der korrekten Dativform hingewirkt werden (Beispiel: Die Lehrkraft legt drei Finger auf die Unterlippe und spricht dazu *„neben de**m** Eingang“*. Die Schüler/innen sprechen die Form nach).

Eine Schülergruppe erhält den Auftrag, den Lageplan im Laufe des sich anschließenden Zoobesuchs zu beschriften. Sprachlich Fortgeschrittene sollen außerdem im Zoo anhand der eingangs zusammengestellten Fragen Steckbriefe zu ausgewählten Tieren vorbereiten. Sprachanfänger dagegen sind meist mit den Informationstafeln im Zoo überfordert. Für diese Kinder könnte z. B. ein Arbeitsblatt mit Bildern von Zootieren und Einrichtungen des Zoos sowie deren Bezeichnungen hergestellt werden. Die Schüler/innen nummerieren die Tiere/Einrichtungen in der Reihenfolge, wie sie ihnen bei ihrem Zoobesuch begegnen. Dadurch wird Wortschatz aufgebaut und gefestigt.

Originale Begegnung: Zoobesuch

Beim Zoobesuch steht zunächst das Erleben und Sammeln von Eindrücken im Vordergrund. Die Arbeitsaufträge sollten eher sparsam ausfallen, da der Erlebnisdrang der Kinder meist zu groß ist, als dass sie die notwendige Konzentration aufbringen könnten. Es ist daher im Vorfeld genau zu überlegen, zu welchen Tieren Arbeitsaufträge erteilt werden, wie viel Zeit dafür eingeplant werden muss, und wo sich diese Tiere im Zoo befinden.

Textproduktion: Steckbriefe

Wieder zurück im Klassenzimmer, tauschen sich die Kinder über ihre Erlebnisse aus. Die gesammelten Informationen werden gruppenweise in Steckbriefen zusammengefasst, weitere Quellen wie Sachbücher oder Internet werden genutzt.

Sprachanfänger kontrollieren ihre Arbeitsblätter und erhalten weitere Wortschatzübungen (s. Aufgabenset 1). Der eingangs verwendete Lageplan wird vervollständigt und die Position der Gehege dabei erneut verbalisiert.

Differenzierte Spracharbeit: Wortschatz und Strukturen

Im weiteren Verlauf des Unterrichts erhalten die Schüler und Schülerinnen Aufgaben mit sprachlich unterschiedlichen Anforderungen:

Aufgabenset 1:

Diese Aufgaben sind v. a. für Sprachanfänger mit geringem Wortschatz (Profilstufe 0 und 1) geeignet. Die Kinder bearbeiten Lernspiele (z. B. Memory, Domino, Kartenspiel, Was fehlt?) zum Wortschatz „Zootiere“. Grammatisch werden v.a. der korrekte Artikelgebrauch und einfache Sätze geübt.

Memory: Zuordnung Bild – Wort

der Löwe

Domino: Bilden einfacher Sätze

✤	Der Löwe	brüllt.	Der Affe

Welches Tier fehlt?

Auf einem Tuch werden Bildkärtchen mit Tierbildern oder Tierfiguren gelegt. Ein Bild oder eine Figur wird weggenommen, während die Kinder die Augen schließen. Welches Tier fehlt?

Als Schreibaufgaben sollten einfache Aussagesätze gewählt werden (Profilstufe 1), z. B.:

Was fressen die Tiere?

Die Giraffe	frisst	Blätter.
Der Pavian	____________	____________.
Der Elefant	____________	____________.
Das Nashorn	____________	____________.
Das Zenbra	____________	____________.

Bilde sinnvolle Sätze.

Der Spielplatz	hat	Limonade.
Maria kauft	fotografiert	sehr groß.
Der Affe	am Kiosk	eine Banane.
Der Elefant	ist	die Robben.
Mario	isst	einen langen Rüssel.

Aufgabenset 2:

Diese Aufgaben bearbeiten Kinder, die bereits einfache Aussagesätze formulieren können und mit der Klammerstellung des Verbs (Profilstufe 2) experimentieren. In dieser Phase fällt den Kindern der richtige Gebrauch von Kasus und Genus noch schwer. Durch strukturierte Vorgaben werden sie diesbezüglich entlastet. Zur gezielten Förderung der grammatischen Kompetenz bieten sich Übungen zur Verbklammer an:

→ mit Modalverben:

Was können die Tiere?

Der Löwe	kann	laut brüllen.
Das Känguru	kann	________________.
Der Affe	kann	________________.
Das Krokodil	______	________________.
Die Giraffe	______	________________.
Das Chamäleon	______	________________.
Die Schlange	______	________________.

Diese Wörter helfen dir: von den Bäumen fressen – seine Farbe wechseln – sich vergraben – sein Maul aufreißen – weit springen – gut klettern

→ mit trennbaren Verben:

Was tun die Tiere?

Der Löwe	faucht	die Besucher	an.
Der Affe	____________	die Banane	____________.
Die Robbe	____________	ein Kunststück	____________.

Die Paviane	__________	den Baum	__________.
Die Giraffe	__________	Blätter vom Baum	__________.
Der Elefant	__________	Zweige	__________.
Das Zebra	__________	wild	__________.

Diese Wörter helfen dir: abbrechen – ~~anfauchen~~ – herumhüpfen – abrupfen – hinaufklettern – vorführen – abschälen

→ zur Versprachlichung des Perfekts:
Hier muss zusätzlich zur Verbklammer die Partizipform gebildet werden. Je nach Lernvoraussetzungen können sprachliche Hilfen angeboten werden. Sinnvoll ist aber auch, korrekte Formen in Wörterbüchern nachschlagen zu lassen.

Bilde die erste Vergangenheitsform in der 3. Person. Benutze dein Wörterbuch.
Beispiel: springen – er ist gesprungen

→ *sehen, brüllen, schwimmen, essen, sitzen, schleichen, kämpfen, streicheln, stehen, klettern, graben, tauchen, laufen, robben, kriechen*

Was hast du alles beobachtet?

Der Elefant	hat	Zweige gefressen.
Die Giraffe	hat/ist	______________________________.
Die Schlange	hat/ist	______________________________.
Der Pavian	hat/ist	______________________________.
Die Robbe	______________________________.	

____.

____.

Aufgabenset 3:

Schüler/innen dieser Gruppe sind in der Lage, kleine Texte auch im Perfekt zu produzieren und die dazu erforderliche Verbklammer anzuwenden, auch wenn die Verbformen an sich vielleicht noch nicht immer korrekt sind. Die Lernenden beherrschen die Inversionsstellung (Profilstufe 3) oder arbeiten daran. Mit Erwerb der Inversion werden zunehmend auch Pronomen und Präpositionen zielgerecht verwendet. Mit den folgenden Übungen kann die Inversionsstellung weiter ausgebaut werden.

Wo passiert was?

Auf dem Spielplatz	spielen	viele Kinder Piraten.
Im Restaurant	essen	wir Würstchen und Brezen.
Im Robbenbecken	_____	wir ____________________.
Auf dem Baum	_____	die Affen ________________.
Im Löwengehege	_____	die Löwen _______________.
Am Kiosk	_____	_______________________.

Diese Wörter helfen dir: liegen – sehen – Fangen spielen – kaufen – Kunststücke – in der Sonne – ein Andenken

Zur Förderung des freien Sprechens und Schreibens erarbeiten die Kinder Tierrätsel oder Steckbriefe unter Berücksichtigung der bereits zur Verfügung stehenden Informationen. In grammatischer Hinsicht dominiert der Aussagesatz, oft mit prädikativem Attribut (nicht: ❖ *Mein Tier ist* ***kleine****!*) und *haben*-Relationen mit Akkusativ, außerdem sind zur Verkettung der Äußerungen Pronomen (mit entsprechendem Genus) vorteilhaft:

Mein Tier ***ist*** *ziemlich* ***klein****, ungefähr 30 cm groß,* ***ist bunt*** *und kann fliegen.*
Mein Tier hat ***ein*** *dick****es*** *Fell. Oft frisst* ***es*** *Fleisch.* ***Es*** *lebt in Afrika, …*

Aufgabenset 4:

Sprachlich fortgeschrittene Lerner (ab Profilstufe 4) schreiben einen Text zum Zoobesuch. Grammatisch sind im Prinzip keine Grenzen gesetzt. Je nach Sprachförderbedarf könnten aber Schwerpunkte gesetzt werden, indem Hilfen zur korrekten Sprachverwendung angeboten oder erarbeitet werden, z. B. Vergangenheitsformen der unregelmäßigen Verben oder Satzeinleitungen.

Was hast du im Zoo erlebt? Schreibe deine Erlebnisse auf. Verwende verschiedene Satzeinleitungen, zum Beispiel mit den Wörtern *zuerst, danach, dann, nachdem, weil*.

Ebenso können gezielte Übungen zur Satzerweiterung unter Verwendung von Nebensätzen (s. Pkt. 3.2: Profilstufe 4) angeboten werden. Dabei können durchaus nach entsprechender Vorbereitung auch kreative Textformen wie das folgende „Wachs-Gedicht“ oder andere kreative Schreibformen (z. B. Rondell) als Format gewählt werden:

Wenn
Wenn ein Erdmännchen
Wenn ein Erdmännchen eine Nuss
Wenn ein Erdmännchen eine Nuss findet,
vergräbt es sie gleich im weichen Sandboden.

Schreibe auch ein *wenn*-Gedicht zu deinem Lieblingstier!

Präsentation der Arbeitsergebnisse

Oft stellt sich das Problem, dass den Schüler/innen die passenden Redemittel fehlen, um den Arbeitsauftrag, dessen Durchführung bzw. das Ergebnis der Aktivität verständlich präsentieren zu können. Daher sollte auch in dieser Phase auf entsprechende Unterstützung geachtet werden. Die Lernenden erwerben auf diese Weise sprachliche chunks, die sie bei Bedarf bei weiteren Präsentationen nutzen können. Gleichzeitig erhalten sie ein Muster zur Gliederung des Redebeitrags. Die Zuhörer selbst sollten aktiv durch Zuhöraufgaben in die Präsentation eingebunden werden.

Am Beispiel des Lernszenariums „Im Zoo“ sollen solche Hilfestellungen exemplifiziert werden.

Aufgabenset 1:

Zunächst beginnt die Gruppe der Sprachanfänger mit dem Vorstellen des Memorys/Dominospiels. Die Bild-/Wortkarten hängen an der Tafel. Das Plenum erhält die Aufgabe, die passenden Paare zu finden. Dabei wirken die Sprachanfänger selbst als Moderatoren, indem sie das Plenum befragen (→ Satzstreifen als Hilfe): *Was gehört zusammen?* Die Lehrkraft unterstützt und moderiert die Präsentation durch Fragen an die Zuhörer:

Welche Aufgabe hatte die Gruppe? Erkläre die Arbeitsschritte. / Was hat die Gruppe heute gelernt?

Ihre schriftlichen Arbeitsergebnisse aus den Aufgaben **„Was fressen die Tiere?“** und **„Bilde sinnvolle Sätze“** präsentiert die Gruppe in Form eines Plakats. Aufgrund der geringen Sprachkenntnisse werden die Sätze nur vorgelesen. Damit können auch Sprachanfänger ihre Arbeiten der Klasse vorstellen; durch die Einbindung des Plenums erleben alle Kinder einen sprachlichen Gewinn.

Aufgabenset 2:

Schüler/innen dieser Gruppe können in der eigenen Präsentation bereits das Perfekt verwenden – ggf. wieder mit sprachlicher Unterstützung. Diese könnte z. B. so lauten:

Unsere Aufgabe war .... / Wir haben Wörter in die Lücken geschrieben. Zum Beispiel ...

Aufgabenset 3:

Zunächst werden die Tierbeschreibungen in Form eines Rätsels an die Zuhörer gerichtet.

Zur Vorstellung der Aufgaben werden der Gruppe folgende Strukturen (auch unter Einbeziehung der Inversion) angeboten:

Meine Aufgabe war ... / Ich habe mich mit ... beschäftigt. / Schwer fiel mir ... / Für das nächste Mal nehme ich mir vor ...

Das Plenum wird durch Zuhöraufgaben aktiv eingebunden und sprachlich unterstützt durch folgende Hilfen:

Heute habe ich gelernt, dass ... / Mein Tipp für das nächste Mal ... / Mir ist aufgefallen, dass .../ Ich habe nicht verstanden ... / Schwierig finde ich ... / Dazu möchte ich noch etwas ergänzen ...

Aufgabenset 4:

Die Schüler/innen erklären zunächst ihre Aufgabenstellung und lesen dann ihre Geschichten vor.

Sprachliche Hilfen für die Präsentierenden:

Meine Aufgabe war ... / Ich sollte ... / Meine Überschrift (mein Text) lautet ... / Satzanfänge wie ... haben mir geholfen. / Für das nächste Mal nehme ich mir vor ...

Sprachliche Hilfen für die Rückmeldungen der Zuhörer:

Die Geschichte/das Gedicht gefällt mir gut, weil ... / Besonders interessant finde ich ... / ... habe ich nicht verstanden. / Kannst du ... nochmal erklären? / Mein Tipp für das nächste Mal ...

4.3 Und wie geht es weiter?

Nach der Einführung und Festigung neuen Wortschatzes und neuer Strukturen ist es wichtig, das Gelernte in der Folgezeit immer wieder aufzugreifen und mit neuen Inhalten zu vernetzen. Der ritualisierte Morgenkreis eignet sich in besonderer Weise, aktuelle Gegebenheiten zu thematisieren und dabei den Fokus auf die Sprache zu richten. Wortschatz und Strukturen des Sachunterrichts werden hier durch gegenseitige Fragen gesichert und verinnerlicht. Die Lehrkraft steuert die sprachlichen Muster und variiert diese, sobald die Fragestruktur gefestigt ist. Somit entsteht beim wiederholten Sprechen der chunks keine Langeweile. Die Möglichkeiten sind hier vielfältig:

a. Beim Gespräch über Datum und Wochentage (*Welcher Tag ist heute? Heute ist ...)* werden implizit auch die Ordnungszahlen gefestigt.

b. Im täglichen Wetterbericht (*Wie ist das Wetter heute? Heute ...)* wird nicht nur typischer Wortschatz geübt (*bedeckt, warm, stürmisch ...*), sondern auch die Inversionsstellung (Subjekt nach Verb).

c. Die Fragestruktur „*Was magst du?*" kann zur Sicherung der Verben im Kontext Schule/Essen und Trinken/Wetterphänomene u. a. hilfreich sein. Auch hier wird die Struktur der Inversion (*Malen mag ich, Rechnen mag ich nicht. / Melonen mag ich, Birnen mag ich nicht. / Nebel mag ich, Sonne mag ich nicht. ...),* aber auch die Verwendung von Nomen ohne Artikel und die Pluralbildung geübt.

d. Auf der Grundlage des Bilderbuches *„Heute bin ich ..."* der Künstlerin Mies van Hout, das in liebevollen und treffenden Zeichnungen Fische in unterschiedlichen Gefühlszuständen darstellt, können die unterschiedlichen Emotionen bewusst gemacht und versprachlicht werden. Die Bilder werden in der Folgezeit immer wieder verwendet, und zwar nicht nur des neuen Wortschatzes wegen, sondern auch, um die Kinder dabei zu unterstützen, über die eigenen Emotionen Klarheit zu gewinnen. Dazu werden die Bildkarten in die Kreismitte gelegt. Jedes Kind bekommt einen Muggelstein. Reihum wird nun die Frage gestellt: *„Wie geht es dir heute?"* Das gefragte Kind legt seinen Stein auf das passende Fischbild und antwortet: *„Ich bin heute traurig, weil ..."*.

Generell können solche Situationen auch dazu genutzt werden, nicht nur das Sprechen und Hören, sondern auch das genaue Zuhören und damit auch die Konzentration zu fördern, indem nach einem ersten Durchgang die Schüler/innen nach den Aussagen ihrer Klassenkameraden befragt werden. So können nach einer gegenseitigen Fragerunde nach Herkunft und Sprachen (*Woher kommst du? Ich komme aus ... Welche Sprache sprichst du? Ich spreche ...*) die Mitschüler befragt werden: *Welche Sprache spricht ...? Woher kommt ...?* Implizit wird dabei auch die Verbflexion (*komme, kommst, kommt*) geübt.

Um bereits eingeführten Wortschatz zu strukturieren oder um neue Lerninhalte mit alten zu verknüpfen, bieten sich auch Wörternetze an.

Beispiel 1: Nachdem das Lernszenarium „Im Zoo“ (vgl. Abschnitt 4.2) abgeschlossen ist, wird der neue Wortschatz in der Folgezeit immer wieder aufgegriffen und neu angeordnet. Die Kategorien können dabei auch von den Kindern gefunden werden, z. B. „Welches Tier hat ein Fell / Federn / Schuppen?“, „Welches Tier kann schwimmen / fliegen / kriechen“?

Beispiel 2: Nachdem das Themenfeld „Kleidung“ passend zur winterlichen Jahreszeit eingeführt wurde (*Stiefel, Anorak, ...*), kann der Wortschatz durch weitere Begriffe des Themenfeldes (typische Kleidung im Sommer) ergänzt werden. In Form eines Wörternetzes werden die Begriffe dann an der Tafel nach den beiden Jahreszeiten geordnet.

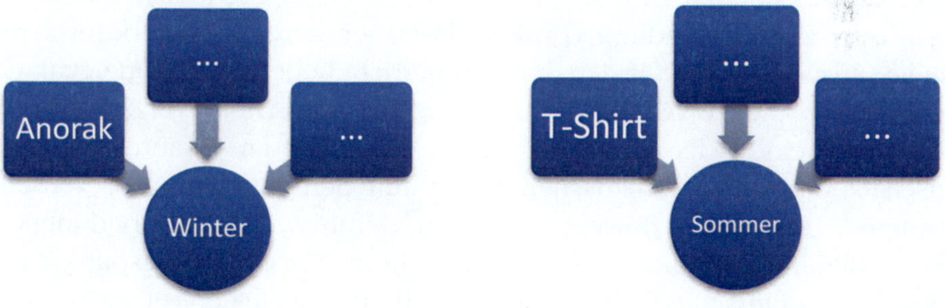

Die Lehrkraft beginnt: *„Was ziehst du im Winter an, X?“* Das befragte Kind beantwortet die Frage, nimmt die passende Wortkarte und hängt diese an die Tafel. Danach formuliert es die nächste Frage: *„Was ziehst du im Sommer an, Y?“*

Auch hier kann genaues Zuhören trainiert werden, indem die Lehrkraft oder die Schüler / innen nach Fertigstellung der Wörternetze noch einmal auf die Aussagen einzelner Kinder rekurrieren: *„Was zieht X im Winter an?“*

5 (Mehrsprachiges) Lernen mit Bilderbüchern

Bilderbücher sind aus dem DaZ-Unterricht nicht wegzudenken. Bilder unterstützen und ergänzen nicht nur das Textverständnis, sondern schaffen auch einen emotionalen Zugang zu Geschichten und fordern zum Beschreiben, Kommentieren und Mitsprechen auf. Das **wiederholte** Vorlesen der Geschichten, das vor allem Kinder im Vorschulbereich vehement einfordern, festigt Wortschatz und syntaktische Strukturen und führt zu einem vertieften Textverständnis. Für Sprachanfänger erweisen sich hierbei **Geschichten mit wiederkehrenden Textteilen** als vorteilhaft, da die betreffenden Passagen von den Kindern schon bald mitgesprochen und damit auch leichter eingeprägt, aber auch – sofern es sich anbietet – generativ abgewandelt werden können. Während im Vorschul- und im Eingangsbereich der Grundschule das generative Sprechen im Vordergrund steht, kann in den darauf folgenden Jahrgangsstufen auch zunehmend das generative Schreiben als Aufgabenformat eingesetzt werden. Beispiele für Kinderbücher dieser Art finden sich v.a. im Elementarbereich, z. B. *„Die Maus, die hat Geburtstag heut"* (Paul Maar), *„Was hast du erlebt, kleiner Bär"* (Albert Lamb & David McPhail), *„Warum der Schnee weiß ist"* (Heinz Janisch & Silke Leffler), *„Elvira und Piratenbär"* (Daniela Kulot) oder *„Eine Geschichte vom Nikolaus"* (Mira Lobe & Christine Sormann).

Viele sprachdidaktische Anreize in aktueller Kinderliteratur finden sich in Müller/Stark (2015), so z. B. Texte, in denen gehäuft Wortbildungen zu finden sind oder Bücher, die zum Gebrauch von Präpositionen mit entsprechenden Kasusmarkierungen oder zur Verwendung von Perfektformen anregen. Die besondere Eignung literarischer Werke für den Sprachunterricht heben auch Kurtz et.al. (2015) hervor. Am Beispiel von Cornelia Funkes Jugendbuch „Hinter verzauberten Fenstern" werden eindrucksvoll Möglichkeiten der Arbeit am bildungssprachlichen Wortschatz und an grammatischen Strukturen demonstriert (z. B. Verben des „Schauens", Redeverben, Bewegungsverben, Gefühlswörter, Wortbildungen, Pronomen). Bilderbücher bieten aber auch zahlreiche Anknüpfungspunkte für die Einbeziehung unterschiedlicher Sprachen und Kulturen in den Lernprozess. Parallel mehrsprachig konzipierte Bilderbücher (z. B. „Raupe Nimmersatt" in verschiedenen Sprachen → Punkt 5.1) fordern dazu auf, Bücher (ggf. unter Mithilfe der Eltern) in mehreren Sprachen zu lesen und dabei verschiedene Fassungen zu vergleichen. In integriert mehrsprachigen Bilderbüchern werden mehrere Sprachen in einen Gesamttext eingeflochten und bilden so den mehrsprachigen Alltag vieler Schüler/innen ab (Der Tag, als Saida kam → Punkt 5.4).

5.1 Bilderbücher von Eric Carle

Beispiel 1: Der kleine Käfer Immerfrech

Eric Carles Protagonist ist ein kleiner Marienkäfer, der alle Tiere, denen er begegnet, zum Kampf herausfordert. Dies geht so lange für ihn gut, bis ihm ein riesiger Wal eine Lektion erteilt. Die Dialoge laufen weitgehend nach demselben Muster ab – und nebenbei werden auch die Uhrzeiten geübt:

> *Um sechs Uhr traf er* ***eine Wespe*** *und sagte: „Komm, kämpf mit mir!"*
> *„Wenn du unbedingt willst", sagte die Wespe und zeigte ihm* ***ihren Stachel.***
> *„Ach geh! Du bist mir viel zu klein", sagte der freche Käfer, blähte sich auf und flog weiter.*
>
> *Um sieben Uhr sah er* ***einen Hirschkäfer*** *und sagte: „Komm, kämpf mit mir!"*
> *„Wenn du unbedingt willst", sagte der Hirschkäfer und sperrte* ***seinen Kiefer*** *auf.*
> *„Ach geh! Du bist mir viel zu klein", sagte der freche Käfer, blähte sich auf und flog weiter.*
>
> *Um acht Uhr traf er* ***eine Fangheuschrecke*** *und sagte: „Komm, kämpf mit mir!"*
> *„Wenn du unbedingt willst", sagte die Fangheuschrecke und zeigte ihm* ***ihre langen Fangbeine.***
> *„Ach geh! Du bist mir viel zu klein", sagte der freche Käfer, blähte sich auf und flog weiter. (...)*

Die gleichbleibenden syntaktischen Muster erleichtern es den Kindern, sich auf den neuen Wortschatz zu konzentrieren. Selbst für fortgeschrittene Deutschlerner sollte dieser nicht komplett vorausgesetzt werden, so z. B. *Hummer, Fangheuschrecke, Kiefer, Fangbeine, Hirschkäfer, Stinktier, sich aufblähen* oder *anrempeln.*

In grammatischer Hinsicht können regelmäßige und unregelmäßige Verbformen (*traf, sah, flog – zeigte, blähte sich auf*), Akkusativobjekte mit unbestimmtem Artikel (*eine Wespe, einen Hirschkäfer, eine Fangheuschrecke, ...*) sowie Possessivpronomen (*ihren Stachel, seinen Kiefer, ihre langen Fangarme*) geübt werden.

Der folgende Unterrichtsvorschlag richtet sich an Kinder der 2./3. Jahrgangsstufe, die sich mindestens auf Profilstufe 3 (Beherrschen der Inversionsstruktur, vgl. Punkt 3.2) befinden. Für Schüler/innen, die dieses Niveau noch nicht erreicht haben, müsste der Unterrichtsschritt „Textproduktion“ vereinfacht werden (kürzere Sätze, weniger Lücken).

Praktische Umsetzung

Textvorentlastung/Situierung

Die Kinder betrachten im Kreis den Bucheinband mit dem Bild des Marienkäfers und äußern sich dazu. Anhand von Bildmaterial werden sie mit weiteren Tieren aus der Geschichte bekannt gemacht (*Wespe, Hirschkäfer, Heuschrecke, Spatz, Hummer, Stinktier, Schlange, Hyäne, Gorilla, Nashorn, Elefant, Wal*). Sie benennen die Tiere und ordnen ihnen Wortkarten zu.
Nun erfahren sie, dass es in dem Buch um die Erlebnisse des Marienkäfers im Laufe eines Tages geht. Die Lehrkraft hat dazu eine selbst gebastelte Uhr mitgebracht, an der die Kinder jeweils die Uhrzeit ablesen können. Der Zeiger wird auf 6 Uhr gestellt, der Zeitpunkt, an dem die Geschichte beginnt.

Textverarbeitung

Zunächst wird der Anfang der Geschichte vorgelesen. Parallel zu den genannten Uhrzeiten wird der Zeiger jeweils um eine Stunde verstellt. Ab dem dritten Tier (*Heuschrecke*) werden die Kinder auch zum Mitsprechen der gleichbleibenden Textstellen ermuntert:

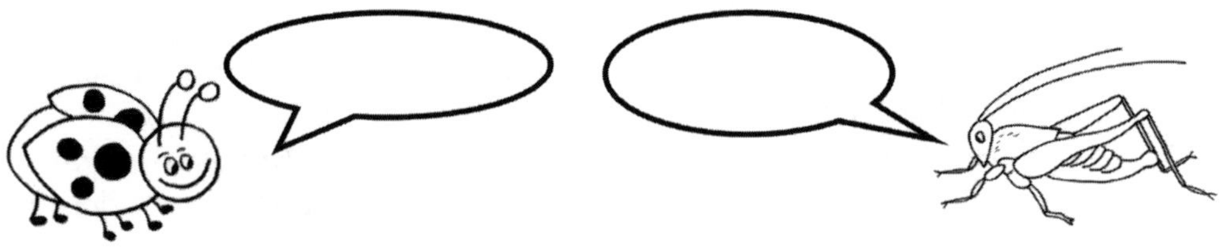

Die Kinder überlegen, wie die Sprechblasen zu füllen sind. Ebenso wird bei *Spatz, Hummer, Stinktier* und *Schlange* verfahren.

Festigung grammatischer Strukturen

Jeder Schüler lernt ein bis zwei Textabschnitte auswendig. Mittels Fettdruck kann an dieser Stelle bereits auf grammatische Auffälligkeiten aufmerksam gemacht werden (Verbform, Possessivpronomen, Akkusativform), die in späteren Übungen thematisiert werden.

Beim Vortrag der Texte wird auch auf die Art des Vortrags geachtet (herausfordernd, gleichgültig, angeberisch sprechen). Vorab verteilte Beobachtungsaufträge ermöglichen ein gezieltes Feedback: Hat X laut und deutlich gesprochen? Hat er/sie sich gut in sein Tier hineinversetzt? Wurde der Text flüssig vorgetragen?

Textproduktion: Lückentext

Die Kinder schreiben nun die Geschichte mit den noch fehlenden Tieren in einem Lückentext weiter. Art und Umfang der eigenen Textproduktion orientieren sich am Leistungsstand der einzelnen Kinder. So können in der folgenden Übung die Anzahl der Lücken und/oder die Textmenge verringert werden oder der Artikel weggelassen werden. Leistungsstarke Schüler/innen könnten sich auch selbst eine passende Reaktion der Tiere ausdenken.

Vor Beginn der Schreibaufgabe sollte unbekanntes Vokabular auf dem Arbeitsblatt besprochen werden (z. B. *die Zähne blecken, anrempeln, Rüssel, Stoßzähne).*

Schreibe die Geschichte weiter. Benutze das Wörterbuch, wenn du unsicher bist.

Um ______________ ____________________ er ________________ und sagte: „ Komm, kämpf mit mir!" „Wenn du unbedingt willst", sagte ________________, und ____ . „Ach geh! Du bist mir viel zu klein", erwiderte der freche Käfer, blähte sich auf und flog weiter.	*eine Hyäne • bleckte die Zähne • ein Uhr • entdeckte* 
Um ______________ ____________ er ________________ und sagte: „ Komm, kämpf mit mir!" „Wenn du unbedingt willst", sagte ________________, und ____. „Ach geh! Du bist mir viel zu klein", entgegnete der freche Käfer, blähte sich auf und flog weiter.	*schlug sich auf die Brust • zwei Uhr • einen Gorilla • traf* 

Ebenso:

- ❖ ein Nashorn • senkte sein schweres Horn • drei Uhr • rempelte … an
- ❖ einen Elefant • hob seinen schweren Rüssel und zeigte seine riesigen Stoßzähne • vier Uhr • erblickte
- ❖ einen Wal • gab keine Antwort • fünf Uhr • sah

Präsentation

Die Texte werden von den Kindern vorgelesen. Parallel werden an der Tafel einige Präteritumsformen notiert:

entdeckte
traf
rempelte an
erblickte
sah

Reflexion grammatischer Strukturen

Die Kinder nennen die Zeitform und erweitern die Verben zu Aussagesätzen:

	Er entdeckte	eine	Hyäne.	
	Er traf	einen	Gorilla.	
	Er rempelte	ein	Nashorn an.	
	Er erblickte	einen	Elefanten.	
	Er sah	einen	Wal.	

Was fällt auf? Die Sätze sind strukturell identisch. Der Begleiter ist jeweils unterschiedlich, er richtet sich nach dem Nomen.
Die Akkusativformen des unbestimmten Artikels *eine – ein – einen* werden farbig markiert (z. B. rot: Femininum; blau: Maskulinum; grün: Neutrum). Im Anschluss werden die Schülertexte korrigiert.

Ausklang

Die letzten Buchseiten werden vorgelesen. Die Kinder reflektieren über das Verhalten des Käfers zu Beginn, während und am Ende der Erzählung und stellen seine positive Veränderung fest.

Differenzierte Spracharbeit: Wortschatz und Strukturen

In der Folgestunde werden grammatische Besonderheiten des Textes gezielt geübt. Die Kinder lernen,

- den unbestimmten Artikel im Akkusativ zu bilden;
- die besitzanzeigenden Fürwörter *sein* und *ihr* korrekt einzusetzen;
- den Präteritumsformen die entsprechenden Formen im Präsens zuzuordnen.

Beispiele:

1. Welche Tiere könnte Immerfrech noch treffen? Wähle selbst 5 Tiere und denke an die richtige Form des Begleiters (einen, eine, ein).

Er traf ein**en** Riesenfrosch.

Er bemerkte ______________________________.

Er entdeckte ______________________________.

Er erblickte ______________________________.

Er stieß auf ______________________________.

2. „Sein" oder „ihr"? Trage das richtige Wort ein. Kontrolliere den Begleiter im Wörterbuch, wenn du dir nicht sicher bist.

die Wespe	→	ihr Stachel
der Hirschkäfer	→	sein Kiefer
das Nashorn	→	sein ____________
die Heuschrecke	→	____________
der Spatz	→	____________
________ Hummer	→	____________
________ Hyäne	→	____________
________ Gorilla	→	____________
________ Elefant	→	____________
________ Wal	→	____________

3. Schreibe die Sätze in der Gegenwart.

Er traf die Wespe.	→	Er trifft die Wespe.
Er sah einen Hirschkäfer.	→	______________________
Er flog weiter.	→	______________________
Er stieß auf ein Stinktier.	→	______________________
Er hob den Schwanz.	→	______________________
Er schlug sich auf die Brust.	→	______________________
Er hob seinen Rüssel.	→	______________________
Er gab keine Antwort.	→	______________________

Wenn die Schüler/innen noch größere Probleme mit dem Wortschatz haben, sollten strukturelle Übungen zunächst zurückgestellt werden. Stattdessen bieten sich fokussierte Wortschatzübungen an, z. B.:

- Buchstabenquadrat (senkrecht und waagrecht): Welche Wörter aus der Geschichte findest du? Schreibe sie auf und male ein kleines Bild dazu.
- Bild-Wort-Memory oder Domino zu den Tieren und ihren Körperteilen;
- Zuordnungen der Tiere und ihrer Körperteile;
- Die Bilder werden ausgelegt. Die Kinder schließen die Augen. Ein Bild wird weggenommen. Welches fehlt?
- Schlüsselloch: Eine Folie mit der Abbildung mehrerer Tiere liegt auf dem Tageslichtprojektor. Über die Folie „wandert" ein großes Schlüsselloch (DINA 4-Bogen mit ausgeschnittenem Schlüsselloch) und lässt Teile der Tiere erkennen. Um welches Tier handelt es sich?
- Tierpantomime: Welches Tier wird dargestellt?
- Tierrätsel: Mein Tier ist etwas größer als ein Hund und hat scharfe Zähne …

Buchstabenquadrat

S	H	E	U	S	C	H	R	E	C	K	E	N	H	K
L	E	R	T	I	M	K	L	Ä	X	C	K	A	Y	S
Y	S	T	O	S	S	Z	Ä	H	N	E	M	L	Ä	C
Ö	P	W	S	F	P	Ü	F	A	P	I	B	M	N	H
W	Ü	Z	F	B	M	C	S	C	H	N	A	B	E	L
N	I	S	Z	I	K	S	T	Ü	A	P	L	W	Ü	A
A	M	P	L	Ü	I	B	I	C	H	O	R	N	B	N
S	T	A	C	H	E	L	N	I	R	W	C	W	S	G
H	I	T	C	W	F	Ö	K	B	Ü	Z	M	H	Ü	E
O	S	Z	B	L	E	C	T	W	S	F	W	U	C	B
R	C	E	M	F	R	L	I	B	S	W	E	M	F	K
N	O	N	S	M	Ü	A	E	I	E	Ü	S	M	B	Ä
A	P	I	F	C	W	B	R	Z	L	M	P	E	S	F
S	Z	H	I	R	S	C	H	K	Ä	F	E	R	Z	E
P	I	M	M	E	R	F	R	E	C	H	P	I	F	R

Bildkarten

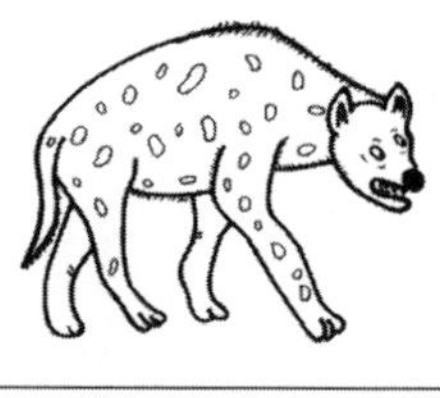

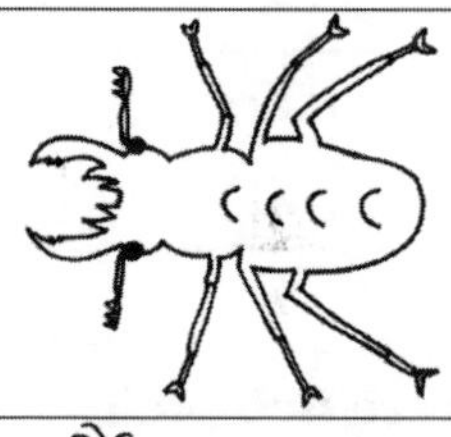

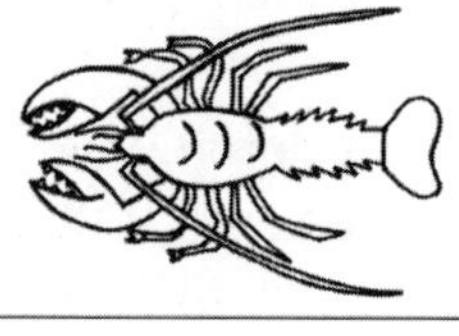

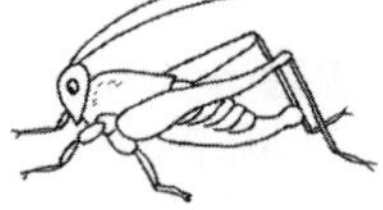

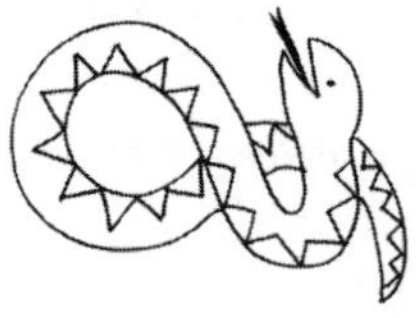

Dominospiel:

die Hyäne		der Gorilla	
der Elefant		der Hirschkäfer	
der Wal		der Hummer	
das Stinktier		die Heuschrecke	
die Wespe		das Nashorn	
die Schlange		der Spatz	
der Marienkäfer			

Weitere Beispiele

Viele weitere Bilderbücher von Eric Carle leben von sprachlichen Wiederholungen, wie z. B. „Die kleine Raupe Nimmersatt", „Chamäleon Kunterbunt" oder „Das kleine Glühwürmchen", alle gleichermaßen für den Vorschulbereich und die erste Jahrgangsstufe geeignet.

Carles **Raupe Nimmersatt**, die sich von Montag bis Sonntag durch einen Berg von Leckereien frisst, ist für den Schulunterricht vielfach didaktisch aufbereitet und vertont. Natürlich steht auch bei diesem Bilderbuch der Inhalt (*Wochentage, Zahlen, Lebensmittel; Die Entwicklung von der Raupe zum Schmetterling*) im Vordergrund, doch wird implizit auch Grammatik – hier v. a. die Inversionsstellung (*Am Montag* ***fraß sie*** *sich/Satt* ***war sie*** → Subjekt nach Verb) sowie der unbestimmte Artikel im Akkusativ (*durch einen Apfel/eine Eiswaffel/eine Gurke/eine Wurst/einen Lolli …*) trainiert:

Am Montag fraß sie sich durch einen Apfel.
Aber satt war sie noch immer nicht.
Am Dienstag fraß sie sich durch zwei Birnen.
Aber satt war sie noch immer nicht.
Am Mittwoch fraß sie sich durch drei Pflaumen.
Aber satt war sie noch immer nicht.
(...)

Die „Raupe Nimmersatt" wurde mittlerweile in viele Sprachen übersetzt (Arabisch, Englisch, Türkisch, Spanisch, Portugiesisch, Französisch, Chinesisch, Russisch). Um die Sprachaufmerksamkeit und -bewusstheit der Schüler zu fördern, könnten Cluster in verschiedenen Sprachen mit Hilfe der Buchvorlagen zusammengestellt werden. Dasselbe gilt für die Zahlen von 1 bis 6 sowie die einzelnen Wochentage:

	Apfel	**Birne**	**Pflaume**	**Erdbeere**	**Orange**
Englisch	apple	pear	plum	strawberry	orange
Türkisch	elma	armut	erik	cilek	portakal
Italienisch	mela	pera	prugna	fragola	arancione
Portugiesisch	maca	pereira	ameixa	morango	laranja
Spanisch	manzana	pera	ciruela	fresa	naranja
Französisch	pomme	poire	prune	fraise	orange

Die Liste kann mit Hilfe der Schüler/innen und unter Rückgriff auf Wörterbücher im Hinblick auf weitere Herkunftssprachen ergänzt werden. Im Vergleich der Sprachen können Gemeinsamkeiten (*pear-pera-pereira-poire-Birne*; *laranja-naranja* u. a.), aber auch Kuriositäten entdeckt werden, etwa dass Birne auf Türkisch 'armut' heißt und Pflaume 'erik'. 'Cikolatali kek' hat nichts mit einem Keks zu tun, sondern bezeichnet hier den Schokoladenkuchen. Weiterhin ist mit 'salatalik' nicht nur der Salat, sondern u. a. auch die Gurke gemeint, und 'pomme' darf nicht mit den beliebten Pommes verwechselt werden.

In der Gegenüberstellung von Singular und Plural (eine Pflaume – drei Pflaumen) entdecken die Kinder, dass im Türkischen das Nomen in Verbindung mit Zahlangaben keine Pluralendung aufweist ('bir armut – iki armut' → *eine Birne – zwei Birnen*).

Die Auseinandersetzung mit den mehrsprachigen Textversionen schärft die Aufmerksamkeit der Lernenden für sprachliche Phänomene und kann auf diese Weise auch den Spracherwerb unterstützen. Gleichzeitig erfahren die verschiedenen

Herkunftssprachen eine besondere Wertschätzung, die auch an eine Expertenrolle der Schüler/innen nichtdeutscher Herkunftssprache geknüpft sein kann. Diese sollte sich aber ggf. aus dem Unterrichtsverlauf ergeben und nicht von vornherein explizit eingefordert werden, um Kulturalisierungen zu vermeiden.

Chamäleon Kunterbunt kann nicht nur seine Farbe wechseln, es hat auch den Wunsch, von seiner Gestalt her so zu sein wie andere Tiere. Dies gelingt ihm auch, jedenfalls immer ein bisschen. Am Ende jedoch, als es durch seine körperliche Veränderung keine Fliegen mehr fangen kann, hat das Chamäleon nur noch den Wunsch, wieder das Tier zu sein, das es einmal war.

Die Begegnung mit den Tieren im Zoo führt zu strukturell analogen Dialogen:

Das Chamäleon wollte nun nicht mehr Chamäleon sein und sagte:

Ich möchte gerne ein Eisbär sein!

Da wurde es ein Eisbär – jedenfalls ein bisschen.

Ich möchte gerne ein Flamingo sein!

Da wurde es ein Flamingo – jedenfalls ein bisschen.

Ich möchte ein Fuchs sein!

Da wurde es ein Fuchs – jedenfalls ein bisschen.

Während die generativen Textstellen schon bald von den Kindern mitgesprochen werden können, fordern die Bilder zu weiteren Versprachlichungen heraus. Denn es ist ja jeweils noch zu erkunden, wie sich das Chamäleon verändert hat. Es wachsen ihm Fischflossen, ein Hirschgeweih, ein Giraffenhals, ein Elefantenrüssel und vieles mehr.

Im Bilderbuch **Das kleine Glühwürmchen** sucht das gerade geborene Glühwürmchen nach seiner Familie. Aber das gelingt nicht so schnell, denn es gibt viele Dinge, die im Dunkeln leuchten können: Kerzen, Taschenlampen, Scheinwerfer und Tieraugen.

Auch hier können die gleichbleibenden Textstellen im dialogischen Lesen von den Kindern mitgesprochen werden:

Da sah es ein Licht und flog ihm entgegen.
Aber ach, es war kein anderes Glühwürmchen.
Es war ***eine Glühlampe****, die mit ihrem Licht ins Dunkel strahlte.*

Wieder sah das Glühwürmchen ein Licht und flog ihm entgegen.
Aber ach, es war kein anderes Glühwürmchen.
Es war ***eine Kerze****, die mit ihrem Licht ins Dunkel strahlte.*

Wieder sah das Glühwürmchen ein Licht und flog ihm entgegen.
Aber ach, es war kein anderes Glühwürmchen.
Es war ***eine Taschenlampe****, die mit ihrem Licht ins Dunkel strahlte.*
(…)

5.2 Leo Lionni: Fisch ist Fisch

Das 1970 erschienene Bilderbuch (ab 4 Jahren) von Leo Lionni gehört auch heute noch zu den beliebtesten Kindergeschichten. In einem Teich leben eine Kaulquappe und ein Fisch. Die Kaulquappe entwickelt sich zu einem Frosch, der eines Tages an Land springt und erst nach ein paar Tagen in den Teich zurückkehrt. Nun erzählt er dem Fisch, wen er auf seinem Ausflug alles gesehen hat. Der Fisch wiederum passt das Erzählte seiner begrenzten Vorstellungskraft an, z. B. Vögel als fliegende Fische. Der Bericht fasziniert den Fisch so sehr, dass er selbst ans Ufer springt und … in letzter Minute vom Frosch gerettet wird.

Wem ist der Frosch auf seiner Erkundungstour noch begegnet? Das Buch animiert den Betrachter, Vögel und Kühe durch weitere Tiere zu ergänzen und diese passend zu beschreiben. Grammatisch erfordert dies **prädikative** und damit **endungslose Adjektive** (*Er ist groß/bunt/…*) und **Ergänzungen im Akkusativ** (*Er hat einen spitzen Schnabel; es besitzt lange Hörner …*).

Der folgende Unterrichtsvorschlag ist für den Einsatz in einer 2. Jahrgangsstufe geeignet. Der tiefere Sinn der Geschichte (Begrenztheit der eigenen Wahrnehmung) lässt jedoch auch einen Einsatz in der 3. Jahrgangsstufe noch zu.

Praktische Umsetzung

Textbegegnung

Die Kinder betrachten das Umschlagbild mit dem Buchtitel und stellen Vermutungen an, worum es in dem Buch gehen könnte. Die Lehrkraft liest den Anfang des Buches vor und schließt mit den Zeilen:

„Ich bin überall herumgehüpft, und ich habe ganz seltsame Sachen gesehen.“
„Was denn?“ fragte der Fisch.
„Vögel“, sagte der Frosch geheimnisvoll, „Vögel!“
Und er erzählte dem Fisch von den Vögeln.
„Sie haben Flügel und zwei Beine und viele, viele Farben.“

Wie stellt sich der Fisch die Vögel nun wohl vor? Die Kinder verweisen auf das Umschlagbild. Ein Fischbild an der Tafel wird durch Beine und Flügel ergänzt.

Nun werden die nächsten Seiten vorgelesen:

„Kühe“, sagte der Frosch. „Kühe! Sie haben vier Beine, Hörner, fressen Gras und tragen rosa Säcke voll Milch.“

Die Schüler / innen beschreiben eine Kuh aus der Perspektive des Fisches. Ein weiteres Fischbild wird an die Tafel gehängt und mit Beinen, Hörnern und Euter versehen (Begriffe klären). Die Kinder überlegen, warum sich der Fisch die Tiere so vorstellt.

Inhaltliche Vertiefung

Auf die Anregung hin, dass der Frosch noch weitere Tiere gesehen hat, wählt jedes Kind selbst ein Tier und malt es aus der begrenzten Perspektive des Fisches. Die Bilder werden kurz vorgestellt.

Differenzierte Spracharbeit: Wortschatz und Strukturen

Der Frosch hat die Tiere so gut er konnte beschrieben. Versuche auch du, dein Tier genau zu beschreiben. Nimm ein Tierlexikon oder ein anderes Sachbuch zu Hilfe: *„Wie sieht dein Tier aus? Wo lebt es? Was frisst es?“*

Beginne so:
Ich habe ________________ gesehen! Er (sie / es) hat ________________ …

Hilfe für sprachlich schwächere Schüler:

Denke an die richtige Form.

Beispiele (für die Schüler farblich kennzeichnen):

Der Schnabel → Der Vogel hat **einen** spitz**en** Schnabel.
Das Maul → Das Krokodil hat **ein** gefährlich**es** Maul.

Die Nase → Der Nasenbär hat **eine** lang**e** Nase.
Beine → Die Giraffe hat lang**e** Beine.

Flügel • Arme • Hörner • Stachel • Schwanz • Körper • Schnabel • Fell • Höcker • Augen • Klauen • Tatzen • spitz • bunt • wollig • lang • borstig • länglich • rund • kurz • gefährlich • stachelig • weich • rau • flauschig

Präsentation der Arbeitsergebnisse

Die Schüler/innen stellen ihre Tierbeschreibungen vor. Zur Förderung des verstehenden Zuhörens füllt jeder zu ca. fünf selbst gewählten Präsentationen der Mitschüler ein Protokoll aus. Eine Auswahl davon wird anschließend im Plenum überprüft:

Tier von	Welches Tier?	Was hat es oder macht es?
Alex	Adler	gefährliche Krallen
__________	__________	__________
__________	__________	__________
...	...	...

Ausklang

Die Kinder überlegen, wie die Geschichte zu Ende gehen könnte. Abschließend wird der Schluss der Geschichte vorgelesen.

Vertiefung: Arbeit an Strukturen

In einer weiteren Einheit kann das Augenmerk noch einmal auf die korrekte Form der Nominalphrase im Akkusativ gelegt werden. Dabei überprüfen die Kinder mit Hilfe von Wörterbüchern Genus und Kasus der Nominalphrasen in ihren Texten. Dies kann auch in Expertenrunden oder in Partnerarbeit erfolgen.

Außerdem können in Anbindung an die Geschichte starke Verben geübt werden. Dazu bieten sich vor allem spielerische Lernformen an (z. B. Satzpuzzle, Domino), was – ab Mitte der 3. Jahrgangsstufe – auch mehr kognitive Sprachübungen mit Hilfe von Wörterbüchern nicht ausschließt (z. B. Umformen von Präteritum- in Präsensformen und umgekehrt, z. B. im Format eines Kreuzworträtsels).

Beispiel Satzpuzzle: Die Schüler verteilen sich im Raum. Die Satzfragmente werden an die Schüler/innen verteilt, die ihren jeweiligen Satzpartner suchen. Danach werden die Sätze in eine sinnvolle Reihenfolge gebracht und der Gesamttext vorgelesen:

1	Eine kleine Elritze schwamm	zwischen den Pflanzen.
2	Der Kaulquappe wuchsen	winzige Beine.
3	Aus der Kaulquappe	wurde ein Frosch.
4	Der Frosch kletterte	aus dem Wasser.
5	Woche um Woche	verging.
6	Der Frosch	kam nicht zurück.
7	Der Fisch konnte	nicht schlafen.
8	Er beschloss eines Tages,	die wunderbare Welt zu sehen.
9	Er sprang aus	dem Wasser.
10	Der Fisch lag im	warmen Gras.
11	Der Frosch schubste	den Fisch ins Wasser zurück.
12	Der Fisch trieb benommen umher,	doch nur für eine Weile.
13	Jetzt wusste er: Diese Welt	ist die schönste aller Welten.

5.3 Lieve Baeten: Die kleine Hexe

Beispiel 1: Die neugierige kleine Hexe

„Es war eine helle Mondnacht, und die ganze Welt lag schon im tiefen Schlaf. Nur in einem einzigen Haus brannte noch Licht. Das sah die neugierige kleine Hexe Lisbet, die noch mit ihrer Katze auf dem Besenstiel unterwegs war."

Bei der Landung im Dachboden gibt es jedoch ein kleines Malheur, bei dem der Hexenbesen zerbricht. Lisbet macht sich nun auf die Suche nach jemandem, der ihren Besen reparieren kann. Am Ende findet sie Hilfe bei der Bastelhexe, die ihr sogar einen Raketenbesen zaubern kann. Zuvor jedoch macht die kleine Hexe Bekanntschaft mit der Musikhexe, der Kochhexe und der Schlafhexe, die jede für sich ihr eigenes Metier beherrscht. Die dabei ablaufenden Gespräche weisen viele Wiederholungen auf und fordern zum Mitsprechen und zur Konzeption weiterer Dialoge heraus:

„Guten Abend, das ist aber schöne Musik", sagte sie.
„Guten Abend, natürlich ist das schöne Musik. Ich bin doch die Hexe, die Musik machen kann. Und wer bist du?"
„Ich bin Lisbet. Mein Besenstiel ist bei der Landung kaputtgegangen. Kannst du ihn wieder heil machen?"
„Deinen Besenstiel heil machen kann ich nicht, ich versteh nur etwas von Musik." Und das Zimmer füllte sich mit wunderbarer Zaubermusik. Eine Weile hörte Lisbet zu. Aber nicht lange …

Auch hier können **Paralleltexte** nach dem generativen Prinzip verfasst und / oder gesprochen werden. **Relativsätze** und **Sätze mit Modalverben** werden dabei implizit vermittelt.

Praktische Umsetzung

Textbegegnung

Die Kinder betrachten das Umschlagbild sowie die ersten Buchseiten und äußern ihre Beobachtungen. Das Buch wird nun abschnittweise vorgelesen, wobei die

Bilder kommentiert und Vermutungen über den Ablauf der Geschichte geäußert werden. Zunehmend werden die Kinder bei der sprachlichen Ausgestaltung des Textes mit einbezogen, indem sie die Lehrkraft an den entsprechenden Wiederholungsstellen durch bewusste Pausensetzungen und Betonungen zum Mitsprechen anregt, z. B.:

*„**Guten Abend**, mmh, wie riecht das hier gut", sagte Lisbet.*
*„**Guten Abend, natürlich** riecht das hier gut. **Ich bin doch die Hexe, die** backen kann. **Und wer bist du?"***
„Ich bin Lisbet. Mein Besenstiel ist bei der Landung kaputtgegangen. Kannst du ihn wieder heil machen?"
*„**Deinen Besenstiel heil machen kann ich nicht,** ich kann nur ..."*

Auf diese Weise wird der Text dialogisch erarbeitet, wobei der Schluss der Geschichte noch ausgespart bleibt.

Textrekonstruktion und Vorbereitung der Schreibaufgabe

An der Tafel wird noch einmal zusammengefasst, welche Hexen Lisbet bisher getroffen hat:

- die Hexe, **die** Musik machen **kann**
- die Hexe, **die** gut kochen **kann**
- die Hexe, **die** Schlaf zaubern **kann**

Die Kinder überlegen, welche Hexen noch vorkommen könnten. Unterstützend können dazu auch Bildkarten eingesetzt werden:

die Hexe, **die** gut malen **kann**

die Hexe, **die** gut stricken **kann**

die Hexe, **die** tolle Geschichten schreiben **kann**

die Hexe, **die** gut gärtnern **kann**

Textproduktion und -revision

Die Schüler/innen entwerfen nun einen Minidialog nach obigem Schema (ggf. auch ohne Textvorlage):

Welche Hexe trifft Lisbet? Schreibe einen passenden Dialog.

Lisbet:	Guten Abend, ______________________________ ______________________________
Hexe:	Guten Abend, natürlich ______________________________ ______________________________ ______________________________
Lisbet:	Ich bin Lisbet. Mein Besenstiel ist bei der Landung kaputtgegangen. Kannst du ihn wieder heil machen?
Sprecher:	Und da ______________________________ ______________________________

Die Texte werden anschließend im Plenum präsentiert und in einer Autorenkonferenz sprachlich optimiert. Die Texte sollten im Hinblick auf das folgende szenische Spiel möglichst fehlerfrei sein.

Vertiefung: Szenische Miniaturen

Als Aufwärmübung und Aktivierung der Körpersprache werden einige Dialoge pantomimisch dargestellt. Anschließend werden die verfassten Dialoge als Mini-Rollenspiele einstudiert und vorgespielt.

Ausklang

Die Kinder stellen Vermutungen über den Ausgang der Geschichte an. Das Bilderbuch wird abschließend im Sitzkreis zu Ende gelesen.

Beispiel 2: Die kleine Hexe hat Geburtstag

Die kleine Hexe hat Geburtstag. Während sie unterwegs ist, um eine Geburtstagstorte zu kaufen, verschwindet ihre Katze. Lisbet macht sich auf den Weg, ihre Katze in Hexendorf zu suchen. Die Hexen in den verschiedenen Läden täuschen jedoch Ahnungslosigkeit vor:

„Du Arme", sagt eine der Hexen, „hast du deine Katze verloren? Aber hier ist sie nicht. Und wir haben leider gar keine Zeit, dir suchen zu helfen."

Dieser Dialog wiederholt sich im Dorfladen, im Trödelladen und im Tierladen. Aber natürlich geht die Geschichte gut aus, und am Ende warten alle Hexen mit einer besonderen Geburtstagsüberraschung für Lisbet auf, bei der sie auch ihre Katze wieder in die Arme schließen darf.

Auch diese Geschichte eignet sich aufgrund der sich wiederholenden Textteile gut dazu, die Kinder zum Mitsprechen zu animieren und so die grammatischen Strukturen zu festigen – hier z. B. den Infinitivsatz mit *zu*. Um die Aufgabe für die Kinder nicht beim reinen Nach- und Mitsprechen zu belassen, könnte der Text erweitert werden, z. B.:

„Du Arme", sagt eine der Hexen, „hast du deine Katze verloren? Aber hier ist sie nicht. Hier gibt es nur Gemüse, Obst, Kuchen und Gewürze. Und wir haben leider gar keine Zeit, dir suchen zu helfen."

Durch die reichhaltige und klare Bebilderung können die Kinder diese Erweiterungen im **dialogischen Leseprozess** selbst formulieren. Sie bekommen dadurch eine geeignete Vorlage für die eigene Konzeption weiterer Stationen bei der Bäckerhexe, der Posthexe, der Metzgerhexe, der Spielwarenhexe oder der Schwimmhexe. Gleichzeitig werden durch die Aufzählung der Gegenstände in den einzelnen Läden **Pluralformen** geübt. Eine Hilfestellung bieten dabei thematisch konzipierte Bildwörterbücher.

Lisbet fragt auch die Bäckerhexe, Posthexe, Metzgerhexe, Spielwarenhexe und Schwimmhexe um Rat. Wähle eine Hexe und schreibe einen passenden Dialog.

Sprecher:	Lisbeth denkt: Vielleicht ist die Katze ____________________ ____
Lisbeth:	„Hallo, ____ ____ ____ Wir wollen heute Abend meinen Geburtstag feiern.“
Hexe:	„Du Arme, hast du deine Katze verloren? Aber hier ist sie nicht. Hier haben wir nur ____________________. ____ ____.“

Beispiel 3: Die schlaue kleine Hexe

Eines Tages findet Lisbet einen Koffer vor ihrer Tür. Neugierig versucht sie, den Koffer aufzuzaubern, was jedoch nicht gelingt:

„Hokuspokus, Hexenstich –
kleiner Koffer, öffne dich!“

Aber was ist das? Die Kaffeekanne, die Kaktusblüte, die Keksdose, alles rund um Lisbet ist offen! Nur der kleine Koffer nicht, der ist ganz fest zu.

Lisbet macht sich auf die Suche nach einer Hexe, die ihr helfen kann. Doch sowohl im Krankenhaus als auch am Bahnhof bewirkt ihr Zauberspruch das Gegenteil. Am Ende löst Lisbet jedoch selbst das Geheimnis, indem sie einen gegenteiligen Zauberspruch wählt:

„Hokuspokus, Hexenschuh –
Kleiner Koffer, bleibe zu.“

Im Koffer findet Lisbet einen Brief mit einer Einladung in die Hexenschule.

„Aber das ist ja der kleine Koffer für große Hexen“, sagt die Hexenlehrerin. „Und du hast ihn ganz alleine aufbekommen? Du bist wirklich schon groß und schlau. Herzlich willkommen in der Hexenschule.“

Auch diese Geschichte lädt zum Mitsprechen ein. Die Kinder entdecken auf den Bildern zahlreiche Gegenstände, die aufgrund des falschen Zauberspruchs offenstehen. Hier knüpft die eigene Textproduktion an: Was passiert, wenn Lisbet ihren Zauberspruch im Freibad, im Supermarkt, auf der Post, in der Schule oder in einem Gasthaus spricht?

5.4 Fokus Mündlichkeit: Dornröschen

Märchen finden sich seit Jahrhunderten in allen Kulturen. In klaren Worten übermitteln sie traditionelle Werte und Normen. Zudem versetzen sie Kinder in magische Welten und regen daher Fantasie und Kreativität an. Die Dialektik von Gut und Böse kann zur Orientierung in der Welt beitragen. Märchen gehören zu den ersten literarischen Werken, in denen Kinder mit Bildungssprache konfrontiert werden.
Im Unterricht lassen sich Märchen vielseitig einsetzen. Sie können z. B. in der Handlung verändert, in eine moderne Fassung gebracht oder sogar – von älteren Lernenden – persifliert werden. Der Fokus der folgenden Unterrichtseinheit zu „Dornröschen“ liegt dagegen auf der Förderung des Wortschatzes in der mündlichen Anwendung. Die Vorschläge haben dabei exemplarischen Charakter, d. h. sie lassen sich auf viele andere Märchen übertragen.

Vorentlastung und Textbegegnung

Um die Kinder zum Text hinzuführen, werden zunächst Szenenbilder eingesetzt, zu denen die Kinder sich äußern. Dabei kann erster wichtiger Wortschatz auf Wortkarten oder an der Tafel notiert werden. Szenenbilder in entsprechendem, für alle gut sichtbaren Format gibt es z. B. als Kamishibai-Vorlagen (Don Bosco Verlag) oder als Bilderbuchkino (fischerverlage.de).
Im Anschluss liest die Lehrkraft das Märchen im Kinositz unter Hinzuziehung der Bildvorlagen vor. Je nach Sprachkenntnisstand der Lernergruppe sollte der Text entsprechend angepasst werden. Bei DaZFö-Schüler/innen kann der Text durch kurze Sätze, die Wahl des Präsens statt des Präteritums, Aktiv-Formen, wenig Nebensätze, Verzicht auf Nominalausdrücke und generell einen einfacheren Wortschatz entlastet oder im ersten Zugang erzählt statt vorgelesen werden.

Wortschatzklärung und -sicherung

Die Lehrkraft zeigt nun Bilder zu den Hauptfiguren und dem sinntragenden Wortschatz (z. B. Fest, Gaben, Spindel, Schloss, Schöpfkelle, Ohrfeige). Die Kinder benennen die Bildkarten.

Um die Kinder mit dem Text vertraut zu machen, liest die Lehrkraft das Märchen einige Male vor und gibt unterschiedliche Höraufgaben:

- Die Kinder stehen auf, wenn sie ein bestimmtes Wort (z. B. *Dornröschen*) hören.
- Die Kinder erhalten Bildkarten mit dem sinntragenden Wortschatz. Sobald sie den entsprechenden Begriff hören, zeigen sie die passende Bildkarte.
- Die Kinder ordnen die Situationsbilder in der richtigen Reihenfolge, während die Lehrkraft das Märchen vorliest.

Das Zuhören trainieren (alternativ oder zusätzlich zum vorherigen Schritt)

In dieser Phase soll nicht nur der Inhalt des Märchens von den Kindern rekapituliert werden, es geht auch um die Förderung des gegenseitigen Zuhörens. Die Lehrkraft beginnt mit der Frage: *„Was hast du dir gemerkt?“* Ein Kind antwortet: *„Ich habe mir gemerkt, dass …“*, steht auf und fragt erneut. Stehen 5 Schüler/innen, wird das sitzende Plenum aktiv und muss die stehenden Kinder „erlösen“: *„Line hat sich gemerkt, dass …“*. Trifft der Inhalt zu, darf sich Line wieder setzen.

Szenisches Spiel

a. Standbilder
   Die Lehrkraft verteilt Bilder von einzelnen Szenen im Märchen. Die Kinder stellen in Standbildern die Szenen nach und präsentieren sie ihren Mitschülern. Diese müssen die jeweilige Szene erraten.

b. Fotografie
   Die Kinder bewegen sich zu meditativer Musik im Klassenzimmer. Wenn die Musik unterbricht, gibt die Lehrkraft einen Auftrag:

   Dornröschen schläft hundert Jahre!

   Die Hecke wächst riesengroß!

   Die Eltern erschrecken.

   Der Hofstaat fällt in Ohnmacht!

   (…)

Die Schüler/innen setzen diesen Auftrag einzeln oder in Partnerarbeit unter Einbeziehung von Gestik und Mimik um. Die Lehrkraft „fotografiert“ die Kinder. Sobald die Musik wieder ertönt, bewegen sich die Kinder wieder frei im Klassenzimmer, bis der nächste Auftrag gestellt wird.

Arbeit am Text

Zunächst ordnen die Lernenden die Szenenbilder in Gruppen noch einmal in die richtige Reihenfolge. Eine schöne Variante ist hier der Einsatz eines sprichwörtlichen „roten Fadens", an dem die Schüler/innen die Szenenbilder anklammern. Die Gruppen bearbeiten nun arbeitsteilig Aufgaben mit unterschiedlich sprachlichem Schwierigkeitsgrad:

1. Sprachanfänger ordnen Wortschatzkarten (Bild-Wort) am roten Faden.
2. Zu jeder Szene wird Wortschatz gesammelt; die Kinder sortieren dabei aus Wortkarten die passenden Wörter aus und gestalten dazu ein Plakat.
3. Zu jeder Szene ordnen die Kinder passende Satzstreifen:
   Es war einmal ein König und eine Königin.
   Die beiden bekamen ein Kind.
   Sie freuten sich sehr und feierten ein Fest.
   (...)
4. Die Schüler/innen ordnen Sprechblasen zu den Figuren auf dem Szenenbild.
5. Die Kinder benennen die Figuren auf den Bildern und ordnen ihnen passende Wörter zu, z. B.:
   die Prinzessin → wunderschön, lebt im Schloss, ist neugierig, sticht sich, die Spindel, ...
   der Königssohn → fremd, verliebt, mutig, küsst die Prinzessin, heiratet die Prinzessin, ...
6. Sprachlich starke Schüler/innen erzählen sich das Märchen gegenseitig mit Hilfe des roten Fadens. Hier bietet sich auch der Einsatz eines „sprechenden Stiftes" (vgl. 2.4) an.

Textpräsentation

Die Präsentation der Ergebnisse sollte für alle Kinder gewinnbringend sein. Dies ist oft nicht der Fall, wenn die Sprachkenntnisse der Lernenden nur bruchstückhaft sind. Das Zuhören überfordert dann viele Sprachlernende, so dass sie in solchen Situationen nicht selten „abschalten". Dennoch ist es wichtig, die Arbeitsergebnisse zu würdigen und sich darüber auszutauschen. Dazu bieten sich verschiedene Möglichkeiten an, z. B.:

- Erster Austausch an Haltestellen: An verschiedenen Stellen des Klassenzimmers befinden sich Haltestellen-Symbole. Kinder, die mit ihrer Bearbeitung fertig sind, treffen sich an einer beliebigen Haltestelle und tauschen sich über ihre Ergebnisse aus. Diese Vorgehensweise ermöglicht eine zusätzliche Differenzierung für schnellere Schüler/innen.

- „Museumsrundgang“: Die Arbeitsergebnisse werden auf Tischen ausgelegt oder in ausreichenden Abständen an die Wand geheftet. Jeweils ein Gruppenmitglied steht als Experte für das Arbeitsergebnis zur Verfügung. Die anderen Kinder bewegen sich frei oder geordnet nach einem akustischen Signal von Tisch zu Tisch, begutachten die Ergebnisse und erhalten Zusatzinformationen von den „Experten“.
- „Wimmeln“: Die Schüler/innen bewegen sich mit ihrem Arbeitsergebnis frei durch das Klassenzimmer und befragen sich gegenseitig nach ihrer Tätigkeit. Sie merken sich, welche der Aufgaben sie auch noch gerne gemacht hätten und sprechen im Anschluss im Plenum darüber.

Lied (Dornröschen war ein schönes Kind)

Dornröschen war ein schönes Kind …
Dornröschen, nimm dich ja in acht …
Da kam die böse Fee herein …
(…)

Gemeinsam mit allen Kindern wird das Lied gesungen und mit passenden Bewegungen begleitet. Dabei wird das Gelernte durch Melodie, Rhythmus und Wiederholungen (da wuchs die Hecke riesengroß, riesengroß, riesengroß, …) kognitiv und affektiv noch stärker verankert. Und sollte das bislang im Unterricht verwendete Tempus das Präsens sein, so werden die Lernenden nun implizit auch mit dem Präteritum bekannt gemacht.

5.5 Mehrsprachige Wortschatzarbeit: Am Tag, als Saida zu uns kam

„Am Tag, als Saida zu uns kam, schien es mir, als hätte sie die Sprache verloren. Also suchte ich ihre Wörter in allen Ecken, Winkeln, Löchern und Schubladen.“

Das im Peter Hammer Verlag 2016 veröffentlichte Bilderbuch von Susana Gomez Redondo und Sonja Wimmer schildert die Begegnung zweier Mädchen aus unterschiedlichen Kulturen: Saida aus Marokko und ein Mädchen, ich-Erzählerin im Buch, das Saidas Freundschaft sucht. Die anfangs sprichwörtliche „Sprachlosigkeit“ Saidas wird von den Kindern aufgebrochen, indem sie sich gegenseitig Wörter aus ihren Sprachen beibringen:

„Am Abend (...) beschloss (ich), dass ich Saida helfen würde, unsere Wörter zu lernen. Außerdem wollte ich sie bitten, mir ihre beizubringen. Damit ich mich verständigen konnte, wenn ich einmal nach Marokko fahren würde.“

Das ästhetisch und typografisch äußerst ansprechende Bilderbuch ist nicht nur bestens geeignet für die Auseinandersetzung mit den Themen Migration, Annäherung und Integration, sondern bietet auch zahlreiche Anknüpfungspunkte zur mehrsprachigen Beschäftigung mit Wörtern und Wortfeldern. Ausgangspunkt dafür sind die in den Bildteil integrierten arabischen Begriffe und Schriftzeichen, die durch die beigefügte lateinische Umschrift auch für diejenigen lesbar sind, die des Arabischen nicht kundig sind. Das Buch vermeidet stereotypisierende Darstellungen, fokussiert ein gleichberechtigtes Sprachprestige (Deutsch-Arabisch) und leitet zum Umgang mit Diversität an, indem die bestehenden Unterschiede nicht aufgehoben, sondern durch gegenseitige Annäherung der Protagonistinnen bearbeitet werden (vgl. Rösch 2006).

Der interkulturelle Gehalt des Buches kann durch entsprechende Einfühlungsfragen erforscht werden. Spinner (2012: 513f) betrachtet die Förderung von Empathie und Fremdverstehen (welches durchaus auch Abgrenzung bedeuten kann!) als einen wichtigen Baustein der Identitätsentwicklung und des sozialen Lernens. Viele der von ihm vorgeschlagenen produktiven Verfahren im Umgang mit Kinder- und Jugendliteratur sind geeignet, dieses Ziel zu erreichen, z. B. Interviews mit Figuren verfassen, Briefe oder E-Mails an die Figuren schreiben, Tagebucheinträge oder Träume der Figuren erfinden.

Anknüpfend an die ausdrucksstarken Bilder bei Gomez Redondo & Wimmer können folgende Fragen bearbeitet und dadurch der Perspektivenwechsel unterstützt werden: Warum spricht Saida nicht? Warum ist sie traurig? Hast du selbst schon eine solche Situation erlebt? Was könnte Saida in der Situation tun? Wie geht es Saida, als sie das andere Mädchen kennenlernt? Welche Erfahrungen macht das Mädchen, das Saidas Freundin sein möchte?

Möglich ist auch eine Annäherung an das Herkunftsland Saidas, zu dem die Lernenden Recherchen z. B. über Kindersuchmaschinen (z. B. Kinderweltreise.de) anstellen und Plakate erstellen:

a. Aus welchem Land kommt Saida? Was kannst du über das Land herausfinden?
b. Saida schenkt ihrer Freundin eine Süßigkeit aus Mandeln und Honig. Was isst sie zu Hause gerne? Welche besonderen Speisen und Getränke gibt es bei dir zu Hause?

Neben den oben genannten produktiven Verfahren (z. B. Interview mit Saida / mit dem anderen Mädchen) kann auch der sprachliche Aspekt betont werden, indem die Herkunftssprachen der Lernenden eingebunden werden. Dazu bieten sich folgende Aufgaben an:

a. Das Mädchen, das Saidas Freundin sein möchte, beschreibt das Wörterlernen so:
„Manche tauchen jeden Morgen auf, wie ein Gruß oder ein gutes Frühstück. Andere jedoch wurden vom Winde verweht, und wir begegneten ihnen nicht wieder. Einige, die unter dem Schnee oder im Eis verborgen gewesen waren, kehrten mit dem Tauwetter und der Wärme zurück.“

Welche Wörter begegnen dir häufig? Welche selten? Welche brauchst du nur zu bestimmten Gelegenheiten? Suche Beispiele aus allen Sprachen, die du kennst.

b. Die ich-Protagonistin schildert, wie schwer es ihr und ihrer Freundin fällt, bestimmte Wörter in der jeweils anderen Sprache auszusprechen.

> Welche deutschen Wörter sind für dich besonders schwer auszusprechen? Suche 5 solche Wörter in einem Wörterbuch. Was bedeuten diese Wörter? Schreibe zu jedem Wort ein Satzbeispiel.
>
> oder:
>
> Suche 10 Wörter in einer fremden Sprache, die für dich besonders schwer auszusprechen sind. Was bedeuten diese Wörter? Schreibe die Wörter und ihre Bedeutung auf und versuche die Wörter zu lernen.

c. *„Und wir erfuhren, dass es in jeder Sprache Wörter gibt, die so warm sind wie der Atem und so kalt wie Metall. Wörter, die verbinden, und Wörter, die trennen.“*

Suche in der deutschen Sprache und in anderen Sprachen „warme“ und „kalte“ Wörter. Schreibe die Übersetzung daneben, wenn du sie weißt.

warme Wörter		**kalte Wörter**	
Deutsch	**andere Sprache**	**Deutsch**	**andere Sprache**
die Liebe ...	l'amore (italienisch) ...	der Hass ...	l'odio (italienisch) ...

d. Stell dir vor, jemand aus einem anderen Land kommt in deine Klasse. Welche Wörter würdest du für ihn oder sie aussuchen? Warum? Schreibe ein Wörterbuch mit 20 bis 30 Wörtern.
Gerne kannst du auch eine Wörterliste (in zwei Sprachen) für ein anderes Land erstellen, wenn du dich mit dem Land gut auskennst.

e. Saida spricht anfangs kein Wort. Das Mädchen, das Saidas Freundin sein möchte, sucht Saidas Wörter überall:

Am Tag, als Saida zu uns kam, suchte ich unter den Tischen, der Tafel und den Pulten, ich sah in den Heften nach und zwischen den Buntstiften. Unter den Kissen und in den Büchern. In den Manteltaschen. Hinter den Vorhängen, den Zeigern der Uhr und zwischen den Buchstaben der Geschichten. Aber so sehr ich mich auch anstrengte, ich fand keines von Saidas Wörtern. (...)

Überlege dir fünf weitere Orte, an denen du gesucht hättest. Schreibe sie auf.

f. *„Unter, in, zwischen, hinter, neben, vor"*. Wie kannst du Saida diese Wörter erklären? Male jeweils ein Bild dazu. Gibt es solche Wörter auch in anderen Sprachen? Sammle Beispiele in deiner Klasse.

Die Einbeziehung der erstsprachlichen Kompetenzen bringt die Wertschätzung der Herkunftssprachen zum Ausdruck. Dies ist nicht nur für die Entwicklung des Selbstbildes und des Selbstbewusstseins von mehrsprachigen Schülern und Schülerinnen von großer Bedeutung, sondern erweitert generell die Sprachbewusstheit (Luchtenberg 2017) und den Horizont aller Lernenden und fördert die Offenheit im Hinblick auf unterschiedliche Sprachen und Kulturen:

„Dabei geht es nicht darum, diese Sprachen zu lernen, sondern sich ein Bild von der Sprachenvielfalt zu machen, ihren Klang zu vernehmen und sich darauf einzulassen, mit Mehrsprachigkeit konstruktiv umzugehen. (...) Denn eine Schule wird nicht durch die Anwesenheit von Mehrsprachigen zu einer mehrsprachigen, sondern indem sie die Mehrsprachigkeit sichtbar und für die Lernprozesse nutzbar macht." (Rösch 2013: 146)

Präsentation der Arbeitsergebnisse

Um die Schüler/innen bei der Präsentation der Arbeitsergebnisse zu unterstützen, hält die Lehrkraft strukturelle Hilfen bereit, die nach und nach ausgebaut werden können. Für die vorliegende Unterrichtseinheit bieten sich folgende Satzbausteine (auf Satzstreifen) an, aus denen (zunächst) die Lehrkraft für die einzelnen Arbeitsgruppen die jeweils passende Auswahl trifft:

- *Meine Aufgabe war: ...*
- *Ich habe für die erste (zweite, dritte) Spalte diese Wörter gefunden: ...*
- *Für mich sind diese Wörter schwer auszusprechen: ...*
- *Das Wort „x" bedeutet: ...*
- *Mein Satz zum Wort „x" lautet: ...*
- *Ich habe folgende warme/kalte Wörter gefunden: ...*
- *Das Wort „x" bedeutet auf Deutsch/ Italienisch/ Russisch/Arabisch....*
- *Ich habe das Wort „x" ausgesucht, weil ...*
- *Ich habe folgende Orte aufgeschrieben: ...*
- *Ich habe diese Bilder gemalt: ...*

Auch das aktive Zuhören bei der Präsentation sollte angeleitet und sprachlich unterstützt werden. Die Lehrkraft bietet dazu Feedback-Karten an, welche die Schüler/innen dazu anregen, Rückfragen zu stellen und so ihr Interesse zu bekunden. Dabei werden wichtige soziale, aber auch diskursive Kompetenzen gefördert. Die Strukturhilfen können bei beliebigen Präsentationen verwendet werden, z. B.:

> *Ich finde interessant, dass .../ Ich habe verstanden, dass ..., aber .../ Dazu möchte ich noch etwas wissen: .../ Mein Tipp für das nächste Mal wäre: .../ Kannst du das bitte nochmal wiederholen (zeigen)? / Kannst du bitte langsamer/ lauter sprechen?*

6. Wortschatz und Grammatik lernen im szenischen Spiel

Szenische Elemente im Unterricht unter besonderer Betonung des mimisch-gestischen Ausdrucks fördern den ganzheitlichen Zugang der Kinder zu Sprache und eröffnen einen erlebnishaften Zugang zur Welt des Theaters. Grundsätzlich können weitgehend alle bisher vorgestellten Bilderbücher szenisch umgesetzt werden. In vielen Fällen liegt jedoch der Hauptsprechanteil nur bei einzelnen Protagonisten. Vorteilhaft für das szenische Spiel sind jedoch Texte, in denen ein Großteil der Kinder kontinuierlich eingebunden wird, d. h. Rollenspiele mit mehreren Akteuren, welche ggf. auch mehrfach besetzt werden. Auch schwächere Kinder können sich so sprachlich einbringen, ohne alleine vor der Gruppe agieren zu müssen. Erleichternd insbesondere bei größeren Lerngruppen sind außerdem **klare Handlungsstrukturen** mit möglichst wiederkehrenden oder parallel konzipierten szenischen Abschnitten. Mit sprachlich Fortgeschrittenen können Textvorlagen gemeinsam erarbeitet werden. Andere Schüler/innen hingegen sind mit der Umsetzung vorgegebener Texte ausreichend gefordert. Grundlage kann hier eine Geschichte sein, welche die Lehrkraft, am sprachlichen Können der Lernenden orientiert, in einen Spielplan umschreibt und durch Lieder und andere wiederkehrende Textelemente ergänzt.

Im Mittelpunkt der szenischen Arbeit steht die nonverbale und sprachliche Umsetzung eines Textes. Eine abschließende Aufführung vor anderen Klassen oder den Eltern ist dabei nicht zwingend, fördert aber die Motivation.

Neben der Umsetzung von Textvorlagen in szenisches Spiel gibt es auch die Möglichkeit, unter Bezugnahme auf erlernten Wortschatz das spontane Sprechen in szenischen Improvisationen zu fördern und dabei die Handlung im Spiel zu entwickeln.

6.1 Snore! A noisy night for dozy Dog

Was tun, wenn man schlafen will, aber ein Einzelner die Ruhe durch lautes Schnarchen stört? Im englischsprachigen Bilderbuch von M. Rosen/J. Langley versuchen die Tiere des Bauernhofes auf verschiedene Weise, den Hund aufzuwecken. Ein vergebliches Unterfangen, und so werden die Tiere am nächsten Morgen übernächtigt vom Hahn geweckt. Einzig der Hund scheint ausgeschlafen zu sein – und er kann nicht verstehen, warum die anderen Tiere keine Lust zum Spielen haben.

Die folgende szenische Umsetzung (nach einer Idee von Seher Uğuz und Miriam Mack) lebt vom **Wiederholungsprinzip**, wobei generative Elemente eingebunden werden. Auch bietet es sich an, das Stück musikalisch zu gestalten. Die Spracharbeit erfolgt in erster Linie implizit, d. h. Wortschatz und Strukturen werden beiläufig, jedoch durch viele Wiederholungen und eingebettet in die ganzkörperliche Darstellung verinnerlicht.

Die Einführung der Handlung erfolgt über das Bilderbuch. Der Text wird der späteren dramaturgischen Fassung angenähert erzählt:

„Ach war das heute ***ein wunderschöner*** *Tag!“*
„Aber jetzt bin ich schon ganz müde!“
„Ich auch.“
„Ich auch.“
„Kommt, wir gehen schlafen!“
„Oh ja!“

Die Schüler/innen deuten und versprachlichen die Bilder und versuchen, analoge Textstellen auf Anregung der Lehrkraft hin mitzusprechen:

„Ach war das heute ***ein heißer/anstrengender/aufregender/lustiger*** *Tag!“*
„Aber jetzt bin ich schon ganz müde!“
„Ich auch.“
„Ich auch.“
„Kommt, wir gehen schlafen!“
„Oh ja!“

Die Tiere legen sich nacheinander schlafen. Doch bald werden sie durch ein Schnarchgeräusch geweckt. Der nun folgende Dialog könnte so gestaltet werden:

„Was ist denn das für ein Lärm?“
„Ich glaube, das sind die Schweine!“
„Stimmt ja gar nicht, das sind bestimmt ***die Kühe****!“*
„Stimmt ja gar nicht, das sind bestimmt ***die Schafe/die Hühner/der Hund****!“*

Auch beim Versuch, den Hund aufzuwecken, sind viele strukturelle Parallelen möglich:

„Komm, lass uns gemeinsam ***miauen****, vielleicht wacht der Hund dann auf!“*
„Oh nein, er schläft immer noch!“
„Komm, lass uns gemeinsam ***grunzen/muhen/blöken****, vielleicht wacht der Hund dann auf!“*
„Oh nein, er schläft immer noch!“

Wichtige Begriffe wie *wunderschön, heiß, aufregend, anstrengend, lustig* oder die Bezeichnungen für die Tierlaute werden an der Tafel notiert und letztere den passenden Tierbildern zugeordnet.

Nun wird ein Bühnenbereich abgesteckt, zum einen, um den darstellenden Spielern Raum zu geben, zum anderen aber auch, um für die entsprechende Theateratmosphäre zu sorgen.
Als Aufwärmübung für das Rollenspiel dienen **pantomimische Darstellungen** und **Standbilder** einzelner Handlungssequenzen, etwa die Schuldzuweisungen der Tiere oder das plötzliche Aufschrecken beim Schnarchen des Hundes. In Standbildern versuchen die Schüler/innen, einzelne Szenenbilder alleine oder in der Kleingruppe abzubilden.
Beispiele für Pantomimen und Standbilder:

- Die Katzen/Schweine/Hühner suchen sich einen Ort zum Schlafen, nehmen Platz und schlafen ein.
- Der Hund rollt sich zusammen und schläft ein.
- Der Hund schnarcht. Die Tiere schrecken auf.
- Die Tiere geben sich gegenseitig die Schuld, weil sie nicht schlafen können.
- Die Katzen miauen, um den Hund aufzuwecken.
- Der Hahn weckt die Tiere auf. Er möchte wissen, ob alle gut geschlafen haben.
- Der Hund wacht auf und möchte spielen.
- Die Tiere sind böse auf den Hund. Sie schimpfen und schlafen dann wieder ein.

Welche Szene wird gespielt? Die Kinder versuchen das pantomimische Spiel der Klassenkameraden zu deuten. Danach wählen sie einzelne Szenen, suchen sich Mitspieler und setzen die szenischen Miniaturen relativ spontan in ein **sprachbegleitetes Spiel** um. Dabei verwenden sie die bereits bekannten und auf Textkarten notierten sprachlichen Mittel („Ach war das ...!“ „Was ist denn das ...?“ „Komm, lass uns ...!“), die sie bereits bei der Einführung des Textes kennen gelernt haben. Ansonsten bleibt diese Phase jedoch mündlich, um nicht die körperliche Umsetzung durch eine zu kognitive Herangehensweise zu blockieren.
Danach erfolgt die Erarbeitung der einzelnen Szenen in Gruppen:

Szene 1:	Die Tiergruppen betreten nacheinander die Bühne und legen sich schlafen.
Szene 2:	Die Tiere werden durch das Schnarchen geweckt. Sie versuchen vergeblich, den Hund aufzuwecken.
Szene 3:	Der Hahn weckt die Tiere. Der Hund wacht auf und möchte spielen. Die anderen Tiere jedoch sind zu müde und schlafen wieder ein.

Die Schüler/innen verteilen die Rollen in ihrer Gruppe und üben ihre Szene ein. Die Lehrkraft steht beratend zur Seite, unterstützt bei der sprachlichen Gestaltung und gibt Tipps zur dramaturgischen Umsetzung. Szene 3 sollte – sofern der Text nicht als Vorlage zur Verfügung steht – von sprachlich Stärkeren übernommen werden, da hier die oben besprochenen Strukturmuster nicht mehr vorkommen und der Text selbst entwickelt werden muss.

Die Kinder begeben sich nun wieder zur Bühne und die einzelnen Szenen werden vorgespielt. Positive Kritik der Zuschauer, aber auch Vorschläge zur Verbesserung des Spiels verwandeln das Spiel in ein gemeinsam gestaltetes Drama. Falls erforderlich, schlüpft auch die Lehrkraft dabei selbst immer wieder in Rollen (***teacher in role***), um sprachlich und im körperlichen Ausdruck Impulse zu geben.

In einem letzten Schritt wird das Stück gemeinsam mit der gesamten Klasse gespielt. Die bisherigen Gruppen werden aufgelöst und die Rollen mehrfach besetzt. Die Tiergruppen sprechen untereinander noch einmal ihre Beiträge ab, bevor es an die gemeinsame Inszenierung geht. Auch hier sollte darauf geachtet werden, dass der Text vorab nicht zu lange „zerredet" wird, sondern vielmehr im Spiel selbst seinen letzten Schliff bekommt.

In einer Folgestunde können die Bühnenbilder erstellt und das Spiel musikalisch gestaltet werden. Als Vorspiel eignet sich das bekannte Lied „Auf unserem alten Bauernhof", das abwechselnd von einzelnen „Tiergruppen" gesungen und mit Boomwhackers begleitet werden kann. Für die morgendliche Begrüßung des Hahnes könnte das Lied „Hallo hallo" (Schwarz 2010) eingesetzt werden:

„Hallo, hallo, Hallo, hallo,
Guten Morgen, guten Morgen ..."

Auch Raps können mit den Schülern erarbeitet werden. Beim Versuch der Hühner, den Hund aufzuwecken, bietet sich folgender „Hühnerrap" an:

Hühnerrap:

Tok tok tok tok wach endlich auf!
Tok tok tok tok wir sind nicht gut drauf!
Tok tok tok tok wach endlich auf!
Tok tok tok tok wir sind nicht gut drauf!

Kein Auge zugetan
die ganze Nacht.

Und bald kräht schon der Hahn
zur neuen Schlacht!

Tok tok tok tok wach endlich auf (...)

Der Kopf ist leer,
die Lider schwer.
Was können wir nur tun
um endlich auszuruhn!

Tok tok tok tok wach endlich auf (...)

(Text: *Sonja Reiß-Held*)

Möglicher Spielverlauf:

Mitspieler: Katzen, Schweine, Kühe, Schafe, Hühner, Hahn, Hund

1. Szene: Tiergruppen laufen auf die Bühne

Bühnenbild: Bauernhofrequisiten, Bauernhofbild im Hintergrund.
Die Kinder stehen in Tiergruppen mit Boomwhackers auf der Bühne.

Alle: ♫	**Lied: „Auf unserem alten Bauernhof" mit Boomwhackers:** Auf unserm alten Bauernhof, hia-hia-ho, da laufen viele Katzen rum, hia-hia-ho, man hört miau, miau hier, man hört miau miau da, hier ein miau, da ein miau, überall ein miau miau, auf unserm alten Bauernhof, hia-hia-ho.	*Alle Kinder singen das Lied und spielen dazu.* *Katzen verlassen die Bühne. Ebenso wird bei der Gruppe der Schweine, Kühe, Schafe, Hühner, Hahn und Hund verfahren (… da läuft sogar ein Hahn/Hund herum…). Die Kinder singen jeweils hinter der Bühne weiter.*

2. Szene: Alle Tiere legen sich schlafen

Bühnenbild: Nacht: Mond, Sterne, zugezogene Vorhänge
Die einzelnen Tiergruppen laufen nacheinander auf die Bühne und sprechen ihre Dialoge.

Katzen (einzeln):	Ach war das heute **ein wunderschöner** Tag! Aber jetzt bin ich schon ganz müde! Ich auch. Ich auch. Kommt, wir gehen schlafen! Oh ja!	*Die Katzen laufen erschöpft herum.* *Alle Katzen legen sich gemeinsam schlafen.*
Schweine:	Ach war das heute **ein heißer** Tag! Aber jetzt bin ich schon ganz müde! Ich auch. Ich auch. Kommt, wir gehen schlafen! Oh ja!	*Die Schweine laufen erschöpft herum.* *Alle Schweine legen sich nacheinander schlafen.*

Kühe:	Ach war das heute **ein aufregender** Tag! Aber jetzt bin ich schon ganz müde! Ich auch. Ich auch. Kommt, wir gehen schlafen! Oh ja!	*Die Kühe laufen erschöpft herum.* *Alle Kühe legen sich gemeinsam schlafen.*
Schafe:	Ach war das heute **ein anstrengender** Tag! Stimmt! Aber jetzt bin ich schon ganz müde! Ich auch. Ich auch. Kommt, wir gehen schlafen! Oh ja!	*Die Schafe laufen erschöpft herum.* *Alle Schafe legen sich gemeinsam schlafen.*
Hühner:	Ach war das heute **ein lustiger** Tag! Aber jetzt bin ich schon ganz müde! Ich auch. Ich auch. Kommt, wir gehen schlafen! Oh ja!	*Die Hühner laufen erschöpft herum.* *Alle Hühner legen sich gemeinsam schlafen.*

3. Szene: Die Tiere werden geweckt

Der Hund fängt leise und dann immer lauter an zu schnarchen.
Alle Tiergruppen schrecken gleichzeitig auf.

Katze 1:	Was ist denn das für ein Lärm?	
Katze 2:	Ich glaube, das sind die Schweine!	
Schwein:	Stimmt ja gar nicht, das sind bestimmt **die Kühe**!	*Deutet auf die Kühe.*
Kuh:	Stimmt ja gar nicht, das sind bestimmt **die Schafe**!	*Deutet auf die Schafe.*
Schaf:	Stimmt ja gar nicht, das sind bestimmt **die Hühner**!	*Deutet auf die Hühner.*
Huhn:	Stimmt ja gar nicht, das ist **der Hund**!	*Deutet auf den Hund.*
Katze 1:	Das ist wirklich der Hund!	

Schwein:	So können wir nicht schlafen!	
Kuh:	Aber was sollen wir denn tun?	
Huhn/ Schaf:	Wir müssen ihn aufwecken!	
Katze:	Komm, lass uns gemeinsam **miauen**, vielleicht wacht der Hund dann auf!	*Die Katzen laufen zum Hund, stellen sich um ihn herum auf und miauen ihn laut an.*
Alle Katzen:	Miau! – Oh nein, er schläft immer noch!	
Schwein:	Kommt, lasst uns gemeinsam **grunzen**, vielleicht wacht der Hund dann auf!	*Die Schweine laufen zum Hund, stellen sich um ihn herum auf und grunzen ihn laut an.*
Alle Schweine:	Oh nein, er schläft immer noch!	
Kuh:	Kommt, lasst uns gemeinsam **muhen**, vielleicht wacht der Hund dann auf!	*Die Kühe laufen zum Hund, stellen sich um ihn herum auf und muhen ihn laut an.*
Alle Kühe:	Oh nein, er schläft immer noch!	
Schaf:	Kommt, lasst uns gemeinsam **blöken**. Vielleicht wacht der Hund dann auf!	*Die Schafe laufen zum Hund, stellen sich um ihn herum auf und blöken ihn laut an.*
Alle Schafe:	Oh nein, er schläft immer noch!	
Huhn:	Komm, wir rappen. Dann wacht er bestimmt auf!	

Hühnerrap (s.o.)

Alle Hühner:	Oh nein, er schläft immer noch!	*Vorhang zu. Umbau der Bühne*

4. Szene: Der Hund wacht auf

Bühnenbild: Vorhänge öffnen; aufgehende Sonne als Hintergrund.
Der Hahn betritt, sich reckend und streckend, die Bühne.

Hahn:	Kikerikiiii, guten Morgen, Leute! Aufwachen!	*Der Hund schnarcht zu Beginn noch laut und wird dann immer leiser.* *Er wacht langsam auf und schaut sich verwirrt um.*
Hahn:	**„Guten Morgen"-Lied (s. o.)** Hallo, Hallo, ... Hallo, wie geht's?	
Hund:	Danke gut!	
Hahn:	Hallo, wie geht's!	
Alle anderen Tiere:	Nicht so gut!	
Hund:	Guten Morgen! Was ist denn hier für ein Lärm?	
Katze:	Du hast die ganze Nacht geschnarcht!	
Schwein:	Wir konnten die ganze Nacht nicht schlafen!	
Kuh:	Wir haben versucht dich aufzuwecken. Aber du hast einfach weitergeschlafen!	
Hund:	Aber jetzt bin ich wach. Wollen wir gemeinsam spielen gehen?	
Alle anderen Tiere:	Nein!!!	*Alle Tiere legen sich erschöpft zu Boden und schlafen sofort ein.*
Hund:	Dann gehe ich eben alleine spielen.	*Der Hund läuft raus.*
Hahn:	Jeden Tag dasselbe Theater! Ich soll sie wecken und keiner steht auf! Ich kündige! Sollen sie sich doch selbst einen Wecker kaufen, diese Schnarchnasen!	

6.2 Wir sind der Schrecken aller Monster!

„Eines frühen Morgens wachte Ente von einem seltsamen Geräusch auf. Genau unter ihrem Bett machte es WCHHH WCHHH. Was war denn das? Sollte sie nachschauen? Nein, lieber nicht. Lieber sprang sie aus dem Bett und holte Hilfe …"

Mit diesen Zeilen beginnt das Bilderbuch von N. Landa/T. Warnes, das für Kinder ab etwa 4 Jahren verfasst ist, sich aber auch noch für den Einsatz in einer 2. Jahrgangsstufe eignet. Die Handlung ist aufgrund der Bebilderung leicht nachvollziehbar: Aufgrund der vermeintlichen Gefahr für die Ente werden alle Freunde mobilisiert. Jede Tierart zeichnet sich durch eine bestimmte Eigenschaft aus, die zum Sieg über das vermeintliche Untier als vorteilhaft erachtet wird: Tapferkeit (Schweinchen), Stärke (Bär), Lautstärke (Wolf) und Klugheit (Eule). Und wie im richtigen Leben wird mit jedem neuen gefundenen Helfer die Gefahr noch weiter aufgebauscht, bis für alle feststeht: Da ist ein Monster unter Entes Bett!

Die Unterrichtseinheit beginnt mit der Vorstellung des Bilderbuches. Die Bilder werden eingehend betrachtet, kommentiert und es werden Vermutungen über den weiteren Verlauf der Geschichte geäußert. Die Lehrkraft erzählt dazu die Geschichte und baut Textteile ein, die den Kindern später für das szenische Spiel als **kommunikative Inseln** zur Verfügung stehen. Auch **Gestik und Mimik der Lehrkraft** spielen zu diesem Zeitpunkt bereits eine wesentliche Rolle, erhalten die Kinder doch dadurch ein unmittelbares Vorbild für das eigene szenische Spiel:

Was ist das für ein Geräusch? (Hände an die Ohren legen)
Soll ich nachsehen? (Hände als „Fernrohr" vor die Augen halten)
Nein, ich habe ein bisschen Angst. (Arme vor der Brust verschränken)

Die Kinder werden, um die Strukturen zu verinnerlichen, im Laufe der Geschichte zunehmend ermuntert, die kommunikativen Inseln mitzusprechen. Das **Chorsprechen** ist besonders für sprachlich schwächere Kinder eine Chance zur aktiven Sprachverwendung, ohne sich vor der Gruppe exponieren zu müssen. Die Ausrufe *Wchhh*, *Grrr*, *Bum bum* etc. werden dabei durch markante Gesten unterstützt (z. B. Faust ballen, in die Hände klatschen, Zähne fletschen, stampfen), zu denen auch die Kinder aufgefordert werden:

Schweinchen:	*Was ist los? Es ist spät!*
Ente:	*Da ist etwas unter meinem Bett. Das macht „Wchhh" und „Grrr". Bitte helft!*

Schweinchen:	*Gerne helfen wir!* *Aber wir brauchen noch ein starkes Tier! Bären, zu Hilfe!*
Bären:	*Was ist los? Es ist spät!*
Schweinchen:	*Da ist etwas unter Entes Bett. Das macht „Wchhh" und „Grrr" und „Bum Bum". Bitte helft!*
Bären:	*Gerne helfen wir!* *Aber wir brauchen noch ein lautes Tier! Wölfe, zu Hilfe!*

(etc..)

Die Eule schließlich erkennt das Problem:

Oje ihr lieben Tiere!
Da ist ein Monster unter Entes Bett!
Es ist ganz groß und dick und fett!

Die Tiere machen sich auf die Suche nach geeigneten Gegenständen, mit denen sie sich erfolgreich gegen das vermeintliche Monster zur Wehr setzen können. Auch hier bieten sich gleichbleibende sprachliche Strukturen an:

Wir haben ein Monsterfangnetz! – Oh!
Wir haben einen Monsterfangstock! – Ah!
Wir haben ein Monsterfangseil! – (Pfeifen)
Und wir haben eine Monsterfanglaterne! – Super!

Vor Entes Haus aber verlässt die Tiere der Mut. Wer geht zuerst hinein?

Geht ihr zuerst hinein, Schweinchen!
Nein, geht ihr zuerst, Bären!
Nein, geht ihr zuerst, Wölfe!
Nein, geht ihr zuerst, Eulen!
Schsch, ich höre Schritte!

Ente öffnet die Tür und erfährt, dass sie in großer Gefahr ist. Beherzt jedoch schauen erst die Eulen, dann auch die anderen Tiere unter das Bett – und entdecken eine kleine Maus. Sprachlich bietet sich hier ein sukzessiver **Ausbau der Ausgangsstruktur** an:

Ich glaube es nicht.

Eine Maus!
Eine süße Maus.
Eine süße kleine Maus.
Eine süße kleine Maus in ihrem Bettchen.
Lassen wir sie schlafen.

Bei der gemeinsamen mündlichen Wiederholung der Geschichte werden wesentliche Elemente an der Tafel festgehalten, so die mitspielenden Tiere und ihre Eigenschaften (*tapfer, stark, laut, klug*), sowie bei Bedarf die Begriffe *Seil, Stock, Netz* und *Laterne*.

Als Vorbereitung für das szenische Spiel werden pantomimische Übungen durchgeführt, um den ganzkörperlichen Ausdruck zu aktivieren. Außerdem schafft die Pantomime eine Entlastung für Kinder, die noch Scheu haben, sich sprachlich zu äußern. Die Kinder erhalten dazu **szenische Miniaturen**, die sie auf einer vorher abgesteckten „Bühne" spontan alleine oder in kleinen Gruppen nach nur kurzer Vorbereitungszeit vorspielen, z. B.:

- Ente schläft. Sie erschrickt, weil sie ein Geräusch hört. Sie zieht die Bettdecke über die Nase.
- Ente ruft die Schweinchen. Diese sind sehr müde und wollen wissen, was los ist.
- Die Schweinchen gehen im Wald herum und rufen die Bären. Sie erklären den Bären, was passiert ist.
- Die Bären laufen im Wald herum und rufen die Wölfe. Sie erklären den Wölfen, was passiert ist.
- Die Wölfe gehen im Wald herum und rufen die Eulen. Sie erklären den Eulen, was passiert ist. Die Eulen stellen fest, dass Ente in großer Gefahr ist.
- Die Tiere suchen nach nützlichen Gegenständen für die Jagd und finden einen Stock, ein Netz, ein Seil und eine Laterne.
- Die Tiere sind vor dem Haus der Ente. Keiner will zuerst eintreten.
- Die Ente öffnet die Tür. Die Eulen erklären ihr, dass sie in großer Gefahr ist und warum.
- Die Tiere entdecken unter dem Bett die Maus. Sie sind überrascht, aber auch müde und verabschieden sich.

Welches Tier wurde jeweils gespielt? Konnte man z. B. Angst oder Aufregung der Tiere erkennen? Die Mitschüler versuchen die beobachtete Pantomime in Worte zu fassen. Im Anschluss werden die Miniaturen noch einmal gespielt, diesmal aber mit sprachlicher Ausgestaltung. Dabei wird der Text nicht vorgegeben, sondern zusammen mit den Kindern im Spiel entwickelt und verfeinert, wobei die kommunikativen Inseln der Einführungsphase auch auf Textkarten zur Verfügung stehen. Die Lehrkraft übernimmt bei Bedarf einzelne Rollen und hilft bei der sprachlichen Umsetzung.

Die Schüler / innen begeben sich nun wieder auf die Bühne und spielen in Gruppen die einzelnen Szenen vor. Nach jedem Spieldurchgang äußern die Zuschauer positive Kritik und bieten Verbesserungsvorschläge an, die sie ggf. auch durch eigenes Vorspielen konkretisieren. So hat jedes Kind die Möglichkeit, auch die jeweils anderen Szenen mitzugestalten.

Ist der gesamte Spielverlauf bekannt, kann die Gruppenbildung aufgelöst und das Theater mit der ganzen Klasse gespielt werden. Dazu übernehmen mehrere Kinder eine Tierrolle und sprechen untereinander ihre Beiträge ab.
In das Spiel können auch Spiellieder (z. B. Jagdlied, Einschlaflied) integriert werden. Ihre Erarbeitung ist gesonderten Stunden vorbehalten. Spiellieder, die ggf. noch textlich abzuwandeln sind, finden sich z. B. unter www.liederkiste.com (z. B. „Ein Jäger längs dem Weiher ging“ → „Ein Jäger zu dem Hause ging“; „Kindlein mein, schlaf doch ein“ → „Mäuschen klein, schlaf doch ein“).

6.3 Szenische Improvisation

Während Sprachanfänger besonders durch das szenische Spiel mit Hilfe von Textvorlagen profitieren, können mit zunehmendem Sprachfortschritt auch szenische Improvisationen in den Blick genommen werden. Die dabei entstehenden „Sprachnotsituationen“ (Tselikas 1999: 39) kommen realen Sprechsituationen sehr nahe und fördern in besonderer Weise das spontane Sprechen. Sprachliche Improvisationen müssen jedoch auch vorbereitet werden. Aufwärmübungen wie pantomimische Übungen oder körpersprachlich begleitetes Chorsprechen zu Beginn der Unterrichtsstunde sorgen nicht nur für die erforderliche Spielatmosphäre, sondern bereiten auch auf die nachfolgende körperbetonte Verwendung von Sprache vor. Chorsprechübungen können in Anlehnung aktueller Themen leicht selbst entworfen werden. Wichtig dabei ist, dass der Text, der von der Lehrkraft Zeile für Zeile vor- und den Lernenden nachgesprochen wird, ausdruckvoll sowie mimisch und gestisch begleitet vorgetragen wird. So könnten etwa in Anknüpfung an die Themenbereiche „Essen und Trinken“ oder „Tiere und ihre Eigenschaften“ folgende einfache Texte durch das inszenierte Chorsprechen „aufgewertet“ werden:

Thema „Essen und Trinken“

Ich habe Hunger!
Ich habe großen Hunger!
Ich habe soooo großen Hunger!
Und Lust!
Ich habe Lust auf Nudeln.
Ich habe Lust auf Pommes.
Ich habe Lust auf Erdbeeren.
Aber nein!
Keine Nudeln!
Keine Pommes!
Keine Erdbeeren!
Nur ein klitzekleines Pausenbrot.

Thema „Tiere und ihre Eigenschaften“

Ich bin klein.
Ich bin sooo klein!
Ich bin so klein wie eine Ameise.
Ich bin so klein wie ein Ameisenbaby.
Ich bin winzig und schwach.
Aber nein!
Ich bin groß!
Ich bin stark!
Ich bin stark wie ein Löwe.
Und gefährlich.
Oder doch nicht?
Ach, ich weiß nicht, was ich bin!

Pantomimeübungen (z. B. Thiesen ^{8}2013, Thurn ^{3}2000) können in verschiedenen Sozialformen durchgeführt werden. So werden etwa bei einer Spiegelpantomime bestimmte Bewegungen/ Handlungen vorgegeben, die vom Partner nachgespielt werden. Ähnliches gilt für die Aufnahme und Weitergabe vom Gesichtsausdrücken im Kreis, wobei für die Weitergabe immer wieder ein anderer Ausdruck gewählt werden kann. Pantomimeübungen aktivieren nicht nur die Darstellungs- und mimische Ausdruckskraft, sondern fördern auch die Beobachtung und die Bereitschaft der Schüler/innen, sich zu öffnen und auf ihren Spielpartner einzulassen.

Der Aufwärmphase folgt das eigentliche szenische Spiel, in das aktuelles Vokabular zu Themenfeldern wie „Gefühle, Wetter, Kleidung, Essen und Trinken, Hobbys“ etc. eingebaut wird. Dieser Wortschatz kann in Form von Bildvorlagen, mitgebrachten Gegenständen oder Reizwörtern, in Szenenbeschreibungen, Stichwortsätzen oder auch in Kombination solcher Impulse vorgegeben werden (vgl. Thurn ^{3}2000: 16). Die Schüler/innen entwickeln so z. B. nach der Vorlage von einiger Begriffen eine Handlung, die sie nach kurzer mündlicher Vorbereitung und ggf. unter Hinzunahme von Requisiten vorspielen. Um die Kreativität zu fördern, sollten – unter Abwägung der jeweiligen Lernvoraussetzungen – allzu eingleisige Vorgaben vermieden (z. B. *Nudeln – Tomatensoße – Abendessen – Klecks – schimpfen*) und stattdessen eher ungewöhnliche Wortkombinationen gewählt werden (z. B. *Nudeln – Eis – Handy – bunt – kochen*). Dabei kann bereits bekannter Wortschatz mit dem neuen kombiniert und so vielfältig vernetzt werden. Eine Variante dieses szenischen Spiels nach vorgegebenen Reizen stellt das „Theater aus dem Karton“ (Thiesen ^{8}2013: 73) dar, bei dem sich jede Spielgruppe aus einem Karton jeweils blind drei Requisiten herausgreift und dazu auf einem Zettel weitere Anweisungen erhält. Für jüngere Schüler könnten das z. B. Adjektive wie *„traurig“*, *„lustig“* oder *„gefährlich“* sein, die so eine weitere Vorgabe für den Charakter bzw. den Inhalt des Spiels liefern. Die Mini-Vorführungen werden im Anschluss gewürdigt und mit zunehmender Spielpraxis weiterentwickelt. Dabei können punktuelle sprachliche Tipps durch Mitschüler/innen und die Lehrkraft, aber auch der Einstieg der Lehrkraft in das Spiel hilfreich sein. Bei sprachlich fortgeschrittenen Schüler/innen können durchaus auch bildungssprachliche Strukturwörter wie *„obwohl, nachdem, sobald, dennoch“* in die Vorgaben integriert werden. Auch bietet es sich hier an, die sog. *„freeze“*-Technik anzuwenden: Während des Spiels ruft ein Zuschauer *„freeze“*, worauf alle Spieler in ihrer Bewegung zu einem Standbild „einfrieren“. Einer der Spieler wird nun angetippt und erzählt, was ihm gerade durch den Kopf geht, wie er sich fühlt, wie die Szene weitergehen wird, was er von den anderen Figuren hält u. a. Aufgrund des Verfremdungseffektes sollte die Lehrkraft bei der Einführung dieser Technik selbst mitspielen.

7. Über Grammatik sprechen

7.1 Die Präposition *mit* als Zauberwort: Der Katzentatzentanz

Beschäftigen sich jüngere Sprachlerner wiederholt mit grammatischen Themen, erhöht dies längerfristig die Aufmerksamkeit in Bezug auf die eigene Sprachproduktion und möglicherweise auch hinsichtlich der Sprachwahrnehmung. Grammatikarbeit im Kindesalter bedeutet eine allmähliche **Sensibilisierung** für **Strukturen**, wobei **Hypothesen** gebildet und **kindgemäße Zwischenregeln** formuliert werden. Gewonnene Erkenntnisse müssen an weiteren Beispielen überprüft werden, und zwar nicht nur innerhalb der aktuellen Unterrichtssequenz, sondern über einen längeren Zeitraum hinweg. In Bezug auf den Erwerb der Morphologie (Kasus, Numerus, Genus) muss sogar von einem mehrere Jahre dauernden Prozess ausgegangen werden.

Der Unterrichtsvorschlag zum Lied „Der Katzentatzentanz“ von Fredrik Vahle (vgl. dazu auch Belke 2012a: 242) basiert auf folgenden Überlegungen:

- Deutschlerner erwerben das Kasussystem meist in der Abfolge *Nominativ* → *Akkusativ* → *Dativ* (vgl. Ahrenholz 2009: 155 und Grießhaber 2007). Die Unterrichtseinheit ist daher dann sinnvoll, wenn die Schüler/innen Akkusativformen verwenden, auch wenn das gewählte Genus dabei noch nicht unbedingt korrekt ist. Oft wird auf dieser Lernstufe die Dativform *dem* durch *den* ersetzt. Die Formen sind phonologisch sehr ähnlich, aber *den* weist eine sehr viel höhere Frequenz auf als *dem* (z. B. in d**en** schön**en** Berg**en**, ein**en** klein**en** Hund), was ein Grund für die Übergeneralisierung sein könnte (vgl. Sahel 2010: 196).

- Die Unterrichtseinheit fokussiert auf die Dativformen *dem/der* und reduziert damit die Komplexität der Nominalflexion auf einen überschaubaren Bereich. Dass *der* nicht nur bei maskulinen Nomen vorkommt, haben die Schüler/innen unbewusst durch den Sprachinput erfahren, denn immerhin stehen 45–55% aller *der*-Vorkommen vor femininen Nomen im präpositionalen Dativ wie z. B. *zu der Katze* (vgl. Ahrenholz 2009).

- Der Liedtext ist mittels Wiederholungen einfach strukturiert. Das grammatische Phänomen lässt sich durch die Reduktion auf nur eine Präposition und einen Kasus leicht erfassen.

- Die Kinder kennen das Lied und sind mit der Bildung des Akkusativs sowie der farblichen Symbolik für das jeweilige Genus vertraut.

Praktische Umsetzung

Aktivieren von Vorwissen

Die Kinder beschreiben im Sitzkreis das Bild vom Katzentatzentanz und erinnern sich an das bekannte Lied. Nach einem Impuls („*Du weißt noch, wer als erster zur Katze kam!*“) wird die erste Strophe gesungen und inszeniert.

Textproduktion: Minitexte

Die Lehrkraft befestigt die erste Strophe des Liedes an der Tafel.

> Kam der Igel zu der Katze: Bitte reich mir deine Tatze!
>
> Mit dem Igel tanz ich nicht, ist mir viel zu stachelig!

Nach dem Arbeitsauftrag („*Auch andere Tiere wollen mit der Katze tanzen. Schreibe auf, wie das Lied weitergehen könnte!*“) erhält jedes Kind eine Wortkarte mit einem Tier („Spinne“, „Hausmaus“, ...) sowie einen Lückentext. In einer Wörterkiste können sie nach einem passenden Adjektiv für ihr Tier suchen.

> Kam ________________ zu der Katze: Bitte reich mir deinen Tatze!
>
> Mit ________________ tanz ich nicht, ist mir viel zu ________________!

stoppelig • langhaarig • langhalsig• strubbelig • kurzbeinig • dickbäuchig • kurzsichtig • großmäulig • gruselig • kurzfellig • ungestüm • trampelig • miniklein • wieselflink

Erste Präsentation

Die Ergebnisse werden im Sitzkreis vorgetragen. Ausgewählte Strophen werden an der Tafel unter dem entsprechenden Genus befestigt, wobei die Zuordnung begründet wird („***Der Hund*** *gehört unter* ***der****, weil…*“). Die Begleiter *der/die/das* werden in der jeweiligen Farbe nachgespurt.

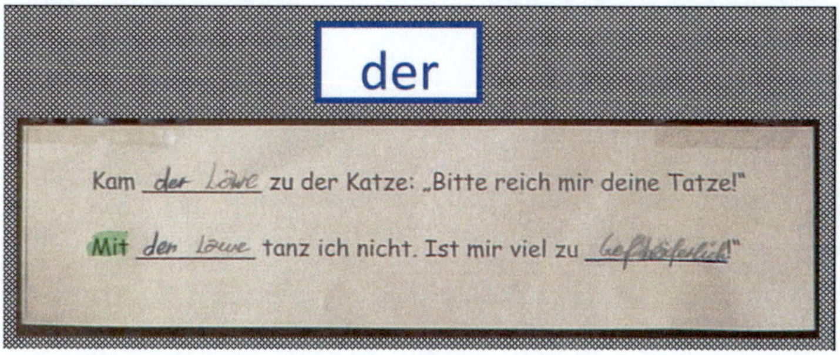

Reflexion grammatischer Strukturen

Die Lehrkraft markiert nun auch die Artikelformen der zweiten Verszeile in derselben Farbe wie zuvor und fordert die Kinder zum Vergleich der beiden Zeilen auf. Die Schüler/innen stellen die Veränderung des Begleiters fest und prüfen, ob sich dies bei allen Satzstreifen so verhält. Fehlerhafte Texte an der Tafel werden korrigiert.

Die Veränderung wird signalgrammatisch (und farblich) festgehalten:

der >> mit **dem**	das >> mit **dem**	die >> mit **der**

Warum ändert sich der Begleiter? Die Kinder vergleichen jeweils die erste und zweite Zeile und die Wörter im Umfeld der Begleiter (*kam der … mit dem*). Dabei wird herausgearbeitet, dass *mit* (als eine Art „Zauberwort“) die Veränderung des Begleiters bewirkt.

Textrevision und Übung

Die im Vorfeld beschriebenen Satzstreifen werden korrigiert. Danach erhalten die Schüler/innen weitere Strophen mit dem Auftrag, die Zauberwörter mit einer „Zauberfarbe“ zu markieren und die Begleiter richtig einzusetzen.

Zweite Präsentation

Die von den Kindern verfassten Strophen werden noch einmal gesprochen und gemeinsam gesungen. Dabei wird besonderes Augenmerk auf die korrekte Form gelegt.

Arbeitsblatt

Der Katzentatzentanz

Kam ______ Hofhund zu der Katze: Bitte reich mir deine Tatze!

Mit ______ Hofhund tanz ich nicht, denn der bellt so ____________!

Kam ______ Stinktier zu der Katze: Bitte reich mir deine Tatze!

Mit ______ Stinktier tanz ich nicht, denn ________________!

Kam ______ Ente zu der Katze: Bitte reich mir deine Tatze!

Mit ______ Ente tanz ich nicht, ist mir viel zu ____________________!

Kam ______ Krokodil zu der Katze: Bitte reich mir deine Tatze!

Mit ______ Krokodil tanz ich nicht, denn das ____________________!

Kam ______ Hausmaus zu der Katze: Bitte reich mir deine Tatze!

Mit ______ Hausmaus tanz ich nicht, ist mir viel zu ____________!

Kam ______ Käfer zu der Katze: Bitte reich mir deine Tatze!

Mit ______ Käfer tanz ich nicht, ist mir viel zu ____________!

7.2 Lokale Präpositionen: Auch Nachbarn gehören zur Familie

Die Mutter kam von den Nachbarn und sprach: „Die Müllers wollen den Fahrplan zurück, den sie uns vor langer Zeit ausgeliehen haben. Aber ich kann mich nicht erinnern, wo er ist."

Die Mutter suchte den Fahrplan.
Sie suchte ihn in der Kommode,
neben der Nähmaschine,
über dem Radio,
unter dem Fernseher.
Sie suchte und fand schließlich
in der Schublade
neben der Stehlampe,
über dem Sofa,
unter dem Telefonbuch
– ein Notizheft,
das Berta schon lange vermisste.

Berta war sehr dankbar
und suchte an Mutters Stelle den Fahrplan.
Sie suchte ihn hinter der Eckbank,
vor dem Esstisch,
unter dem Küchenfenster,
in der Garderobe,
und fand endlich hinter dem Papierkorb,
vor dem Blumentopf,
an der Wand,
auf dem Boden – ein Abzeichen,
welches Franz kürzlich verloren hatte.
(...)

(Mit freundlicher Genehmigung leicht verändert: *Hans Manz: Auch Nachbarn gehören zur Familie)*

Vorüberlegungen

Der Text „Auch Nachbarn gehören zur Familie" von Hans Manz erzählt von der Suche nach einem Fahrplan, bei der lang vermisste Gegenstände wieder auftauchen (eine Fassung des Gedichts findet sich auch in Belke 2012b: 92). Die Schüler/innen erinnern sich an ähnliche Erlebnisse und werden durch die lineare Struktur des Textes zum Weiterschreiben angeregt.
Der Unterrichtsvorschlag baut auf der in 7.1 vorgestellten Einheit auf, d.h. den Kindern ist die flexionsverändernde Wirkung der Präposition *mit* bereits bekannt. Dieses Wissen soll nun stabilisiert und ausgebaut werden. Im Fokus der Unterrichtseinheit stehen **lokale Wechselpräpositionen**, die je nach Funktion zwar mit Dativ (*wo?*) oder Akkusativ (*wohin?*) stehen könnten, im ausgewählten Text jedoch nur im Dativ vorkommen. Mit der Reflexion über die Funktion lokaler Präpositionen (Ortsangaben) ergeben sich auch Bezüge zum Lehrplan Deutsch (vgl. LP PLUS Deutsch 3/4 Lernfeld 4.3.) – ein Brückenschlag zwischen zweit- und muttersprachlicher Sprachreflexion.

Praktische Umsetzung

Textbegegnung

Nach Überlegungen zur Überschrift (*Auch Nachbarn gehören zur Familie*) liest die Lehrkraft den ersten Absatz (*Die Mutter...*) vor. Die Kinder kommentieren das Gehörte und stellen Vermutungen über den Textfortgang an. Begriffliche Unsicherheiten (z.B. *Fahrplan*) werden geklärt. Anschließend wird der zweite Abschnitt (*Berta...*) vorgelesen und besprochen.

Textproduktion: Weiterschreiben

Die Schüler/innen werden beauftragt, den Text weiter zu schreiben. Sie erhalten dazu Lückentexte, die parallel zu den Textabschnitten des Originals konzipiert sind (für die Personen *Franz*, *Vater* und *Max*, Beispiel Arbeitsblatt). Zur Unterstützung werden Wortkarten zu Einrichtungsgegenständen (mit Kennzeichnung des Genus) bereitgestellt.

Erste Präsentation

Die Kinder präsentieren im Sitzkreis ihre Ergebnisse. Die drei Begleiter werden an die Tafel geschrieben und durch ausgewählte Präpositionalphrasen aus den verfassten Texten ergänzt.

Reflexion grammatischer Strukturen

Da den Kindern die Anordnung der Beispiele nach dem Genus aus der Vorstunde bereits vertraut ist, kann darauf Bezug genommen werden („*Warum habe ich **auf der Heizung** unter den Begleiter **die** geschrieben?*“). Sie erkennen die Systematik der Anordnung sowie die Veränderung des Begleiters. Als Auslöser für diese Veränderung werden die Präpositionen als „Zauberwörter“ herausgearbeitet und die Artikel farbig nachgespurt (blau: Maskulinum, rot: Femininum, grün: Neutrum).

Eine signalgrammatische Darstellung mit entsprechender Farbkennzeichnung verdeutlicht den Zusammenhang:

der Tisch	→	auf **dem** Tisch
das Regal	→	neben **dem** Regal
die Heizung	→	unter **der** Heihzung

Im Anschluss reflektieren die Kinder die Funktion der „Zauberwörter" („*Was sagen uns die Zauberwörter hier?*"). Sie erkennen, dass mit diesen Präpositionen ein Ort angezeigt wird („... *wo etwas passiert*").

Nach einem Impuls („*Kennst du noch andere Zauberwörter, die uns sagen, wo jemand suchen kann?*") nennen die Schüler/innen weitere Präpositionen, die an der Tafel unter dem Fragewort *Wo?* notiert werden.

Textanalyse und -revision

Die Schüler/innen korrigieren ihre Textentwürfe, unterstreichen die Präpositionen und markieren die Begleiter farblich.

Zweite Präsentation und Abschluss

Die Geschichte wird nun mit verteilten Rollen gelesen, wobei das Original ab der 3. Strophe durch die Schülertexte ersetzt wird. Dabei wird auf die Korrektheit der präpositionalen Phrasen geachtet. Zum Abschluss überlegen sich die Kinder, wie die Geschichte enden könnte. Ein Blick in das Original rundet die Stunde ab. Hier taucht bei der Suche nach dem Fahrplan eine Taschenlampe auf, die ebenfalls von den Nachbarn geliehen war:

„Dann bringe ich wenigstens die zurück", sprach die Mutter. Und als sie wiederkam, sagte sie: „Die Müllers haben sich vielmals für ihren Irrtum entschuldigt. Der Fahrplan ist in der Zwischenzeit wieder zum Vorschein gekommen."

Beispiel für ein Arbeitsblatt:

Auch Nachbarn gehören zur Familie

Franz war sehr froh
und suchte an Bertas Stelle den Fahrplan.
Er suchte ihn

auf ______________________________

in ______________________________

über ______________________________

und fand – oh Wunder! –

draußen in der Garderobe

an ______________________________

neben ______________________________

hinter ______________________________

den Mopedschlüssel,

der dem Vater abhanden gekommen war.

7.3 Eigenschaften und ihre Formen: Kellerträume

Kellerträume

Flitz in den Keller, trödel nicht,
hol schnell Kartoffeln, und mach dir Licht!
Doch bin ich im Keller – auf mein Wort –
finden sich ganz andere Schätze dort.

Ein verrostetes Kinderrad
und ein Duftspray für das Bad.
Ein zerlöchertes Gummiboot
und ein Fahrradhelm in Rot.
Eine defekte Eisenbahn
und ein zerkratzter Spielzeugkran.
Vom Peterchen die Marionette
und Carlas alte Perlenkette.
Auch die lang vermisste DVD
ist wieder da! Ein Glück! Juche!

Doch schon höre ich Mutter rufen
dort oben auf den Treppenstufen.
Was träumst du denn? Wo bleibst du bloß?
Komm endlich rauf, was ist denn los!
Es gibt doch nichts auf dieser Welt,
was das Leben so vergällt,
wie die Arbeitswut der Großen
in ihren schnellen Arbeitshosen.

(Text: *Sonja Reiß-Held*)

Adjektive, bei Grundschülern bekannt als Wiewörter oder Eigenschaftswörter, werden im Lehrplan Deutsch unter den Gesichtspunkten Wortart, Rechtschreibung, Stilistik und Wortschatzerweiterung thematisiert. Es geht darum, Adjektive als solche zu erkennen, mit Adjektiven treffend zu beschreiben und neue Wortzusammensetzungen zu erproben. Diese **semantischen** und **metasprachlichen** Aspekte sind auch für den Unterricht mit DaZFö-Kindern unverzichtbar, sie müssen jedoch durch **DaZ-spezifische Aspekte** erweitert werden. So gehört die **Flexion von Adjektiven** in attributiver Stellung zu den größten Stolpersteinen der deutschen Grammatik. Adjektive werden, je nach vorausgehendem Artikelwort, stark oder schwach dekliniert, wobei jeweils Kasus, Numerus und Genus zu beachten sind. Im Unterricht muss diese Komplexität in überschaubaren Einheiten entzerrt werden.

Im vorliegenden Konzept wird aus der Fülle der Flexionsformen das stark flektierte Adjektiv im Nominativ gewählt. Diese Form ist durch die lautliche Analogie zur Endung des bestimmten Artikels (*der*→ ein alte *r*; *das*→ ein alte*s*) relativ einfach vermittelbar. Textgrundlage ist das Gedicht „Kellerträume“, das zum Weiterschreiben einlädt und für gleichermaßen semantisch – wortschatzorientierte (hier: Wortfeld „alt/kaputt“) wie grammatische Reflexionen geeignet ist. In einer weiteren Unterrichtseinheit wird der **Wortschatz** in einer handlungsorientierten Aufgabenstellung geübt und mit den Kenntnissen zum präpositionalen Dativ (vgl. 7.1/7.2) verbunden.

Praktische Umsetzung
Unterrichtseinheit I

Texterarbeitung: Dialogisches Lesen

Die Schüler/innen lesen als stillen Impuls die Überschrift „Kellerträume". Worum könnte es in dem Gedicht gehen?

Die Erarbeitung des Gedichts erfolgt abschnittweise in Form dialogischen Lesens. Überlegungen nach der Lektüre der jeweiligen Abschnitte könnten sein: *Welche „Schätze" finden sich in (d)einem Keller? Wie könnte die Geschichte ausgehen? Was ist mit „schnellen Arbeitshosen" gemeint? Was bedeutet „vergällen"?*

Textrekonstruktion

Die Kinder rekapitulieren den Inhalt des Textes. Dabei werden Abbildungen der genannten Gegenstände an der Tafel fixiert und die jeweiligen Attribute (*verrostet, zerlöchert, defekt, zerkratzt, alt, lang vermisst*) dazu notiert. Alternativ könnten sie versuchen, in Kleingruppen den Text aus dem Gedächtnis zu rekonstruieren.

Wortschatzarbeit

Die Kinder suchen in Wörterbüchern (z. B. Duden Grundschulwörterbuch „Sag es besser!") nach weiteren treffenden Adjektiven, mit denen alte Dinge beschrieben werden können (z. B. *zerknittert, zerschlissen, zerbeult, ausgebeult, verschmutzt, ausgeblichen, speckig*). Diese werden ebenfalls an der Tafel gesammelt und durch passende Nomen ergänzt (*„Welche Dinge können zerbeult/zerknittert/... sein? Wie sehen diese Dinge dann aus?"*). Falls möglich, werden die Begriffe durch konkrete Gegenstände veranschaulicht.

Textproduktion: Weiterschreiben

Die Schüler/innen erhalten nun den Auftrag, sich in einer eigenen Strophe zu überlegen, was in einer Rumpelkammer noch alles aufbewahrt sein könnte. Sie erhalten dazu das Gedicht mit Leerzeilen und der Arbeitsanweisung. Alleine oder in Partnerarbeit schreiben sie einen ersten Entwurf.

Präsentation

Die Entwürfe werden im Kreis vorgelesen. Die genannten Gegenstände werden an der Tafel unter die entsprechenden Begleiter geschrieben, z. B.

<u>**der**</u>
ein kaputter Autoreifen
ein zerknitterter Anzug

Reflexion grammatischer Strukturen

Was fällt bei der Anordnung an der Tafel auf? Die Kinder äußern ihre Beobachtungen, die sich auf Artikel, Adjektiv und Nomen beziehen können (z. B. *ein* steht bei *der/das*, *eine* steht bei *die*). Als Hilfe markiert die Lehrkraft ggf. in der ersten Spalte den Artikel und die Adjektivendung blau. Die Schüler/innen erkennen den Unterschied zu den anderen Genera (z. B. *ein kaputte<u>**r**</u> Autoreifen; aber: eine gebraucht<u>**e**</u> Stehlampe*) und zeichnen ihrerseits die Farben an der Tafel ein. Der grammatische Sachverhalt wird noch einmal verbalisiert und in einer Übersicht festgehalten:

de<u>**r**</u>	→	ein	kaputte<u>**r**</u>	Reifen
da<u>**s**</u>	→	ein	kaputte<u>**s**</u>	Rad
di<u>**e**</u>	→	eine	kaputt<u>**e**</u>	Puppe

Ein Vergleich des Adjektivs mit dem jeweiligen bestimmten Artikel macht dabei die Parallele der Formenbildung deutlich.

Textrevision

Die Kinder überarbeiten ihre Texte mit Hilfe eines Wörterbuches, wobei sie besonders den Artikel und das Adjektiv beachten.

Anmerkungen

Die Suche nach passenden Adjektiven und ihre Bedeutungsklärung ist sehr anspruchsvoll. Oft verfügen die Kinder – und zwar auch monolingual deutsche Kinder – über keine oder nur vage Vorstellung von den Begriffen:

> L: *„Was bedeutet speckig?“*
> - *„Wenn jemand viel Speck hat.“ (L1 deutsch)*
> - *„Fleisch.“ (L1 deutsch)*
> - *„Schinken“ (L1 deutsch)*
>
> *L: „Auch Kleidungsstücke können speckig sein. Wie sehen die dann aus?“*
> - *„Als ob man dick wäre.“ (L1 deutsch)*
> - *„Die rutschen runter.“ (L1 deutsch)*

➢ Nicht jeder Begriff aus dem Wortfeld „alt“ passt zu den Gegenständen im Keller (z. B. *betagt*).

➢ Bei der Schreibaufgabe kommt es häufig zu Fehlern im Genus- und Flexionsbereich:
ein gebrauchtes Kühlschrank
ein verschimmelter Herz
ein uraltes Tisch
Fehler sind jedoch bei der induktiven Vorgehensweise einkalkuliert. Die Erfahrung zeigt, dass die **zielgerechte** Überarbeitung der Texte nach der Reflexionsphase für die meisten Schüler/innen kein Problem mehr darstellt. Grammatikunterricht wird so als Hilfe für die eigenen Sprachäußerungen erfahren.

Unterrichtseinheit 2

Wortschatzvorentlastung

Die Lehrkraft erinnert an das Gedicht „Kellerträume“ und kündigt eine Art Rätsel an, in dem es auch um einen Keller gehe. Die in diesem Rätsel vorkommenden Nomen werden zur sprachlichen Klärung als Wortkarten an der Tafel befestigt und bei Bedarf besprochen:

> der Fußabstreifer, das Schlauchboot, das Kinderrad, der Fahrradhelm, der Gummistiefel, die Latzhose, die Stoffpuppe

Die Kinder ordnen den Begriffen passende Eigenschaftswörter zu, wobei Mehrfachzuordnungen durchaus möglich sind (z. B. *Kinderrad/Fahrradhelm – zerbeult*). Dazu greifen sie auf den in der Vorstunde erarbeiteten Wortschatz zurück.

Arbeitsblatt:

Kellerträume

Flitz in den Keller, trödel nicht,
hol schnell Kartoffeln, und mach dir Licht!
Doch bin ich im Keller – auf mein Wort –
finden sich ganz andere Schätze dort.

____

____

____

____

Doch schon höre ich Mutter rufen
dort oben auf den Treppenstufen.
Was träumst du denn? Wo bleibst du bloß?
Komm endlich rauf, was ist denn los!

Es gibt doch nichts auf dieser Welt,
was das Leben so vergällt,
wie die Arbeitswut der Großen
in ihren schnellen Arbeitshosen.

→ **Welche Schätze findest du im Keller?**
Ergänze die fehlenden Zeilen. Wenn du magst, kannst du auch reimen.

***Wichtig*: In jeder Zeile muss ein Namenwort mit einem passenden Eigenschaftswort stehen!**

Körperliche Raumerfahrung: Standbild

Die Schüler/innen werden in Vierergruppen eingeteilt und erhalten die Arbeitsanweisungen (siehe AB S. 109) sowie Rollenkarten (S. 108). Es geht darum, die in den Rollentexten vorkommenden Gegenstände mit dem eigenen Körper in einem fiktiven Raum nachzustellen, wobei jeder Schüler in der Gruppe einen bestimmten Gegenstand verkörpert. Diese Aufgabe ist nur durch Kooperation der Gruppe lösbar, gleichzeitig kommt es auf die exakte Umsetzung der Ortspräpositionen an. Anschließend wird die Position der Gegenstände auf dem Arbeitsblatt eingezeichnet.

Präsentation und Versprachlichung

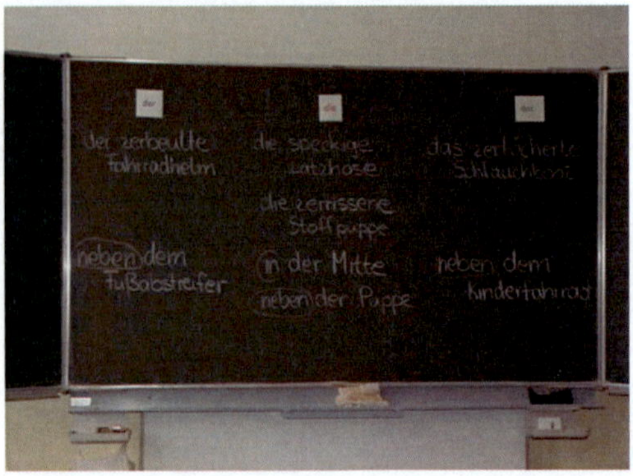

Die Kinder setzen sich in den Halbkreis. Eine Gruppe stellt ihr Standbild sowie ihre Skizze vor und versucht dabei, die Position der Gegenstände genau zu beschreiben, während die anderen Schüler/innen die Skizze mit ihren eigenen Lösungen vergleichen. Die im Text zusätzlich genannten Gegenstände (Stoffpuppe, Latzhose, Gummistiefel, Tisch, Regal, Bügel) werden als Wortkarten dazu gelegt.

Parallel notiert die Lehrkraft an der Tafel Beispiele für die Adjektiv-Nomen-Phrasen (z.B. *der zerbeulte Fahrradhelm*) sowie einige Präpositionalphrasen (z.B. *neben dem Fußabstreifer*).

Reflexion grammatischer Strukturen

Die Kinder nehmen zur Anordnung an der Tafel Stellung. Sie erkennen, dass das Adjektiv nach dem bestimmten Artikel (im Nominativ) immer die Endung *-e* hat und stellen unter Umständen auch den Unterschied zur Adjektivbildung nach unbestimmtem Artikel fest. Außerdem erklären sie die Veränderung des Begleiters (***die*** *Tür→ wo: neben* ***<u>der</u>*** *Tür*), indem sie auf ihr Vorwissen zurückgreifen (vgl. 7.1/7.2).

Präpositionen und Begleiter werden an der Tafel farblich markiert (blau = Maskulinum, rot = Femininum, grün = Neutrum).

Analyseübung zur Grammatik

Einer der Textabschnitte (z. B. „Ich bin das verrostete Kinderfahrrad") wird vergrößert an die Tafel geheftet und vorgelesen. Die Schüler/innen unterstreichen die Textstellen, die Antwort auf die Frage geben, wo etwas geschieht. Anschließend bearbeiten sie die übrigen Textabschnitte in der gleichen Weise. Sie besprechen sich in der Gruppe und schreiben die Lösungen auf ein kleines Plakat. Dieses wird im Kreis vorgestellt.

Ausklang: Zeichendiktat

Jeder Schüler erhält zwei (identische) Blankovorlagen des Kellergrundrisses. In die erste Vorlage zeichnet jeder 4–6 Gegenstände ein. Anschließend setzen sich jeweils zwei Schüler/innen mit dem Rücken zueinander. Schüler A beschreibt seinem Partner, wo die Gegenstände stehen, Schüler B zeichnet die Gegenstände in die zweite Vorlage ein. Danach beschreibt Schüler B seinen Raum. Am Ende werden die Lösungen mit den ersten Vorlagen verglichen.

Anmerkungen

Für das Standbild sind kleinschrittige Arbeitsanweisungen (siehe AB) unabdingbar. Auch sollte die Gruppengröße von vier Teilnehmern insbesondere bei schwächeren Lernern und in Gruppen mit Kooperationsproblemen nicht überschritten werden. In leistungsstärkeren Gruppen kann die Anzahl der Gegenstände und somit der Kinder pro Gruppe etwas erhöht werden, in diesem Fall sind weitere Rollenkarten erforderlich.

Arbeitsmaterialien

Rollenkarten

✂

Ich bin **der ausgefranste Fußabstreifer.**
Ich bin erst ganz neu hier und kenne mich noch gar nicht gut aus. Ich liege hier gleich links neben der Tür (wenn man herein kommt). In der Nähe von mir in der linken Ecke des Zimmers steht ein altes Kinderrad. Und vor mir mitten im Raum befindet sich ein Tisch. Da liegt was oben drauf, ich kann es aber nicht erkennen. An der Wand gegenüber von mir sehe ich eine Latzhose und links von ihr eine zerlöcherte Stoffpuppe.

✂

Ich bin **das zerrissene Schlauchboot.**
Noch letzte Woche befand ich mich auf hoher See! Jetzt stehe ich hier im Keller an der linken Wand (von der Tür aus gesehen, wenn man herein kommt) und schaue in den Raum. Haaalloooo, kann mich jemand flicken? Nein? Alles schweigt. Das Kinderfahrrad rechts neben mir leider auch. Gegenüber von mir, also an der rechten Wand des Raumes, steht übrigens noch gar nichts. Was da wohl hin kommt?

✂

Ich bin **das verrostete Kinderfahrrad**.
Reifen platt, Klingel geht nicht mehr, Licht hat noch nie funktioniert. Endlich habe ich Ruhe hier in meinem Eck. Das Schlauchboot links neben mir scheint ja recht verzweifelt zu sein. Soll ich es ansprechen? Oder lieber den Fußabstreifer, der einen Meter vor mir liegt?

✂

Ich bin **der zerbeulte Fahrradhelm**.
Hier oben auf dem Tisch und mitten im Raum habe ich eine gute Aussicht. Da bin ich sehr froh, weil ich das so gewohnt bin. Blicke ich zur Tür, sehe ich den Fußabstreifer, drehe ich mich um, sehe ich die speckige Latzhose an einem Bügel. Ich kenne sie. Wir waren oft miteinander unterwegs. Der abgenutzte Gummistiefel dort war auch oft dabei. Jetzt liegt er (von mir aus gesehen) rechts neben der Latzhose im Regal.

Arbeitsblatt

Im Keller

1. Stellt euch einen Keller vor. Der Keller ist ein einfacher Raum mit vier Wänden (Rechteck).
2. Schafft in eurem Klassenzimmer etwas Platz für euren „Keller". Markiert die vier Ecken mit Gegenständen.
3. Legt fest, wo sich die Tür befindet.
4. Jetzt braucht ihr eure Rollenkarten. Jeder von euch ist ein Gegenstand, der im Text fett gedruckt ist. Findet heraus, wo ihr euch im Raum befindet und stellt oder legt euch dorthin. Dazu müsst ihr genau lesen. Am besten liest jeder erst seine Beschreibung vor. Hört genau zu.
5. Arbeitet nun zu zweit und vergleicht eure Lösungen erst in der Gruppe und dann in der Klasse.
   Zeichnet die Lösung mit einer einfachen Skizze in den unten stehenden Raum.
   Achtung: In euren Beschreibungen gibt es weitere Gegenstände. Welche? Zeichnet auch diese mit ein.

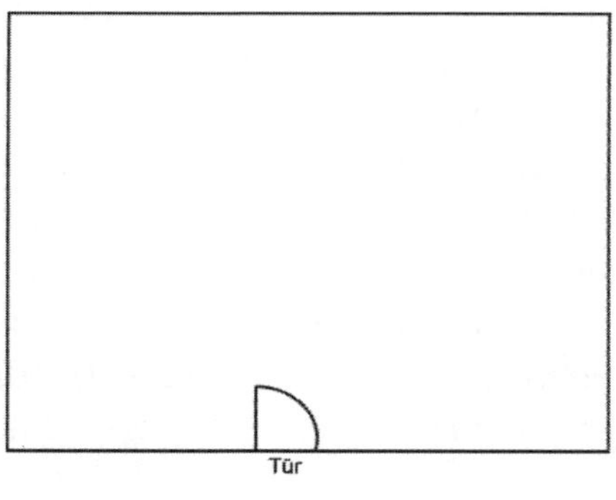

7.4 Wo oder wohin: Arbeit mit Textbildern

Die vorliegende Unterrichtseinheit für eine 4. Jahrgangsstufe (oder höher) nimmt Textbilder als Ausgangspunkt für die kreative Produktion eigener Texte. An diesen wird die Besonderheit von **lokalen Wechselpräpositionen** in Verbindung mit den Fragen *wo* (Präposition mit Dativ) und *wohin* (Präposition mit Akkusativ) erarbeitet.

Vorüberlegung

Die Kinder haben sich bereits intensiv mit den formalsprachlichen Aspekten beschäftigt, die im Zusammenhang mit lokalen Präpositionen auf die Frage *wo* auftreten (7.1.–7.3). Der Fokus lag hierbei auf der morphologischen Gestalt des Begleiters im Nominativ und Dativ Singular (***der*** *Tisch→ auf* ***dem*** *Tisch*). Die Auswahl beschränkte sich dabei auf sog. *Wechselpräpositionen* wie *auf/über/unter*, die sowohl für Positions- als auch Richtungsangaben verwendet werden. Während mit dem präpositionalen Dativ der Wechselpräpositionen die **Position** des bezeichneten Gegenstandes innerhalb eines Raumes angezeigt wird (*Die Ameise krabbelt auf dem Tisch.*), bezeichnet der präpositionale Akkusativ eine **Bewegung** in Richtung eines neuen Raumes (*Die Ameise krabbelt auf den Tisch.*) und gibt somit Antwort auf die Frage *wohin*. Diese funktionale Trennung bereitet vielen DaZ-Lernern Probleme. Zum einen gibt es meist keine unmittelbare Entsprechung der verwendeten Präpositionen zwischen Mutter- und Zweitsprache, und Richtung bzw. Position können oft auch durch das Verb ausgedrückt werden, wie das folgende Beispiel aus dem Italienischen zeigt:

Il vino si trova ***sul tavolo***. 'Der Wein befindet sich **auf dem Tisch**.'
Metto il vino ***sul tavolo***. 'Ich stelle den Wein **auf den Tisch**.'

Zum anderen sind gerade die maskulinen Formen *den/dem* phonologisch sehr ähnlich und daher im Input wenig auffällig.

Für die Unterrichtseinheit wurden nun Textbilder konzipiert, die die Formen im Dativ und Akkusativ **kontrastieren**. Im Gegensatz zu Piktogrammen sind diese Textbilder inhaltlich offener und fordern aufgrund der unterschiedlichen Interpretationsmöglichkeiten zur Vertextung heraus. Ausgangspunkt und Gegenstand grammatischer Reflexionen werden damit die Schülertexte selbst, und grammatische Erkenntnisse werden in den Dienst der Textrevision gestellt. Insgesamt sollten zwei Unterrichtseinheiten eingeplant werden, wobei die erste der Texterstellung und die zweite der grammatischen Reflexion gewidmet ist.

Praktische Umsetzung

Textbegegnung: Textbild 1

Die Schüler/innen betrachten an der Tafel das erste Textbild (Idee nach Spinner 2008, S. 114)) und äußern sich dazu. Die Lehrkraft notiert einige Vorschläge an der Tafel. Unterstützend kann das Textbild durch Wortkarten ergänzt werden, auf denen Nomen notiert sind, z. B. *der Beutel, das Haus, der Kopf, das Mäppchen, der Kühlschrank, das Auto.*

Wie könnten diese Begriffe zum Textbild passen? An dieser Stelle entspinnt sich vielleicht schon ein erstes Gespräch über die Begleiter, es sollte aber nicht von der Lehrkraft initiiert werden. In dieser Phase geht es um das noch unsystematische Experimentieren mit dem Wortmaterial sowie um die Bildhaftigkeit der Anordnung.

Ideensammlung: Textbilder 2–6

Die Kinder finden sich in Gruppen zusammen. Jede Gruppe erhält eines der weiteren fünf Textbilder sowie einen Briefumschlag mit Wortkärtchen (z. B. *„Maus"* – *„Tisch"* – *„Krug"* – *„in der Küche"* – *„Mauseloch"* – *„Schrank"* – *„Stuhl"* – *„Katze"*). Die Kinder überlegen sich einen Zusammenhang zwischen den Kärtchen und ihrem Textbild und halten ihre Ergebnisse in Sätzen oder kurzen Texten fest.

Erste Präsentation

Die Gruppen stellen ihre Textbilder sowie die ersten Arbeitsergebnisse vor. An dieser Stelle sollte auch die Bildhaftigkeit der Textbilder bewusst werden (*„Warum sind die Wörter auf deinem Textbild so angeordnet?"*).

Textproduktion

Die Schüler/innen bekommen nun den Auftrag, eine Geschichte zu schreiben, in der die Wörter des Textbildes und der Kärtchen enthalten sind.

Präsentation

Die Texte werden im Plenum vorgestellt und gewürdigt.
Durch entsprechende Höraufträge (pro Schüler ein Hörauftrag) wird das aktive Zuhören gefördert:

- Was hat dir besonders gut gefallen?
- Kommen in der Geschichte die Zauber wörter des Textbildes vor?
- Wurde laut und deutlich vorgelesen?
- Was hast du nicht verstanden?

Die Lehrkraft schreibt an der Tafel Beispiele für Präpositionen mit Dativ und Akkusativ mit.

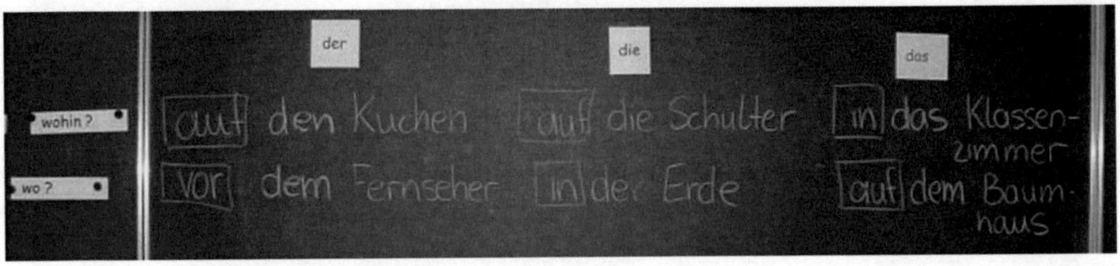

Reflexion grammatischer Strukturen

Was fällt bei den notierten Beispielen an der Tafel auf? Die Kinder bemerken die Veränderung des Begleiters und überlegen, wie diese begründet werden kann. Sie erkennen, dass die Phrasen Antwort auf unterschiedliche Fragestellungen (*wo?* bzw. *wohin?*) geben. Da die Frage *wo?* bereits in den Vorstunden Unterrichtsgegenstand war, liegt der Fokus nun auf der abweichenden Fragestellung *wohin:* Worin z. B. liegt der Unterschied, wenn wir *„auf den Kuchen"* oder *„auf dem Kuchen"* sagen? Auf welche Weise verändert sich der Begleiter?
Ergebnis dieser Überlegung könnte sein: *Wenn wir* ***wohin*** *fragen, verändert sich der Begleiter nur bei den* ***der****-Wörtern.* Das Ergebnis dieser Reflexion wird signalgrammatisch festgehalten (mit farblicher Kennzeichnung der Genera):

		Wo?	Wohin?
der Kuchen	→	auf dem Kuchen	auf **den** Kuchen
das Baumhaus	→	auf dem Baumhaus	auf **das** Baumhaus
die Schulter	→	auf der Schulter	auf **die** Schulter

Analyseübung und Textrevision

Die Kinder unterstreichen in ihren Texten die Textstellen, die Antwort auf die Frage *wohin* und *wo* geben, mit jeweils unterschiedlicher Farbe. Danach überprüfen sie die korrekte Formenbildung der *wohin*- und der *wo*-Phrasen.
Als Differenzierungs- und Vertiefungsmaterial bieten sich u. a. folgende Textvorlagen aus Gerlind Belke (2012b) an: „Ene mene muri" (S. 91), „Zwicke zwein" (S. 34), „Der Zauberkoffer" (S. 107). Diese Texte können hinsichtlich der Unterscheidung von *wo*- und *wohin*-Phrasen und als Grundlage für generatives Schreiben verwendet werden.

Anmerkungen

- Überraschenderweise achten viele Schüler/innen anfangs mehr auf die sprachliche Form als auf den bildhaften Charakter der Textbilder. Vielen wird erst später der Zusammenhang zwischen Sprache und bildlicher Anordnung bewusst.

- Beim Experimentieren mit den Formen und Begriffen beschränken sich viele Schüler/innen auf einzelne Sätze oder verblose Phrasen (z. B. *die Trinkflasche in die Tasche*), oft mit fehlerhaftem Kasus (*Auf die Erde mag jeder Eis.*). Diese Vorarbeit ist für die nachfolgende Textarbeit gerade für sprachlich schwächere Lernende unverzichtbar, da sie sich dabei mit dem Wortmaterial vertraut machen können, ohne gleich einen kohärenten Text verfassen zu müssen.

- Die Reflexion bezüglich der *wohin*-Frage bereitet den Kindern nach entsprechender Vorarbeit (*wo*-Fragen) in der Regel keine Probleme. Wenn sie dann positionale und direktionale Angaben im eigenen Text finden und korrigieren, können sie grammatisches Wissen als unmittelbaren Gewinn für die Korrektheit eigener sprachlicher Äußerungen erfahren.

- Die konzipierten Texte zeigen eine Fülle an präpositionalen Phrasen und ermöglichen sinnvolle Anknüpfungspunkte für die gezielte Spracharbeit:

Die Wanderung

Hallo ich heise Henrig ich mache heute einen Ausflug mit den anderen Ameisen. Aber erstmal muss ich meinen Mittagsschlaf halten. Ich schlafe im Gras die anderen <u>in der Erde</u>. Nun Schlafenszeit ist vorbei wir kletterten <u>auf einen Menschen</u> und krabbelten unbemerkt <u>auf die Hand</u>. Und dan spazierten wir <u>auf die Schulter</u>. Und dan schlieslich <u>auf die Nase</u>. <u>Auf der Nase</u> haten wir einen guten Ausblick. Und dann oje ein Erdbeben! Wir flogen alle herunter. Und plumpsten <u>ins Wasser</u>. Manche von ihn konnten sich retten die anderen sind leider versunken. Ich und meine Familie konnte sich retten. Das war wirklich ein Albtraum. Ich bin fro das alles vorbei ist. (L1 tschechisch)

Ausblick

Wechselpräpositionen können auch im Zusammenhang mit Bildbetrachtungen im Kunstunterricht thematisiert werden. So kann bei Vorlage mehrerer Bilder zunächst Wortmaterial zum gewählten Bild gesammelt und dazu folgender Schablonentext mit Inhalt gefüllt werden:

Ein Bild von ____________________

Auf ____________________ sehe ich ____________________.

Hinter ____________________ ist ____________________.

Neben ____________________ finde ich ____________________.

Und zwischen ____________________ und

____________________ entdecke ich ____________________.

Es ist ein ____________________ Bild!

Wohin soll ich es nur hängen?

Über ______________________________?

Neben ______________________________?

Oder besser unter ______________________________?

____!

Textbild 1 (Idee: Spinner 2008)

Textbilder 2–6

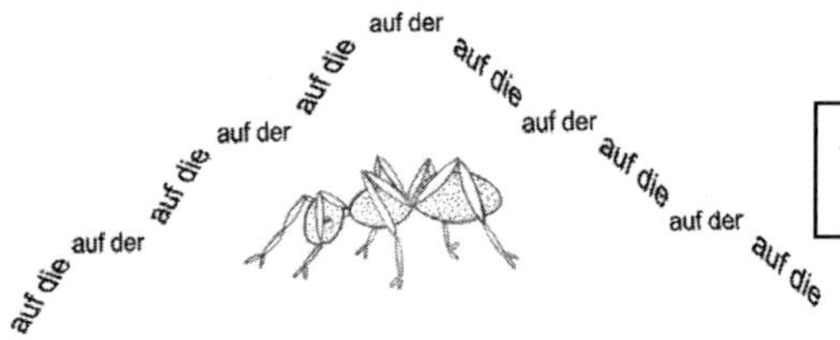

→ Ameisen • ich schlafe im Gras • Hand • Schulter • Nase • Erde

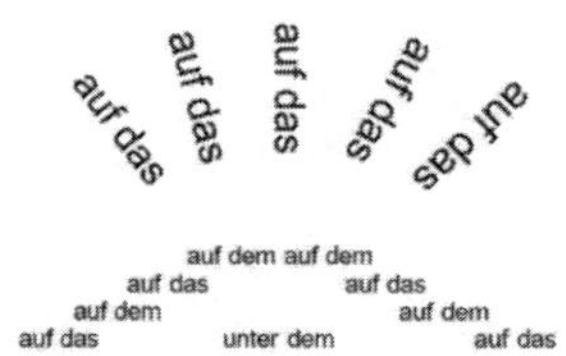

→ der untere Ast • der mittlere Ast • das Baumhaus • zwei Affen • viele kleine Äffchen • Banane

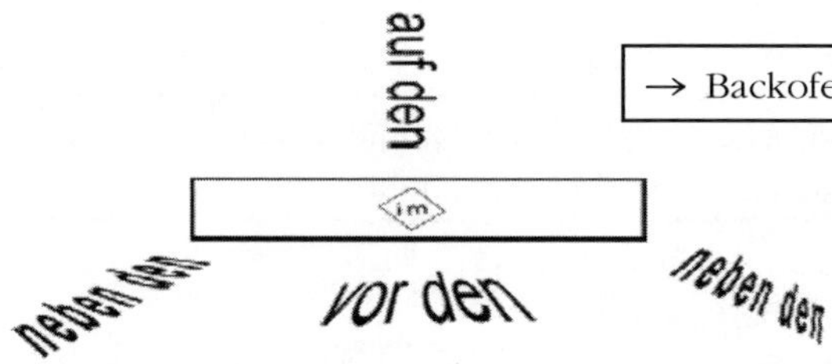

→ Backofen • Enes • Mira • Katze • Kuchen

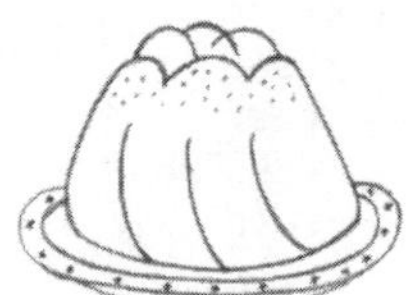

→ Maus • Tisch • Korb • in der Küche • Mauseloch • Schrank • Stuhl • Katze

auf den

auf dem

hinter den

hinter dem

unter den

unter dem

in das

im

in die

in die

in die

in der

in der

in der

in der

in der

unter der

→ Schultasche • Spitzer • Spinne • Heft • Block • Buch • Pausenbrot • Trinkflasche • Lineal

Beispiel Arbeitsblatt

Geschichten mit Zauberwörtern

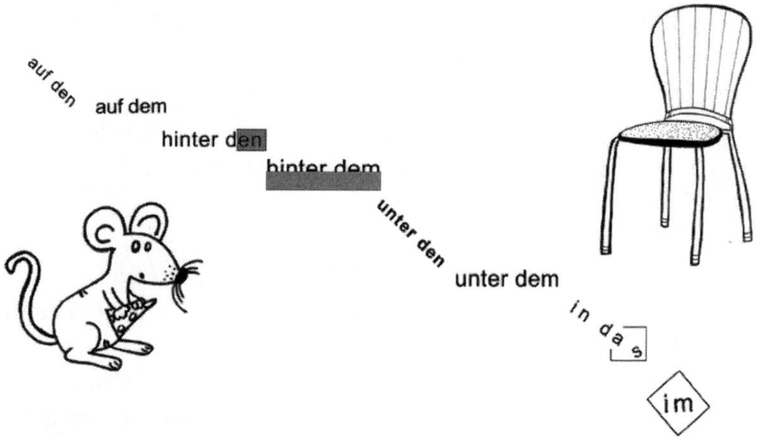

Schreibe alleine oder mit deinem Partner einen kleinen Text zu deinem Textbild. Du musst nicht alle Wörter verwenden, aber ein paar sollen schon dabei sein. Wenn du möchtest, kannst du auch folgende Wörter zu Hilfe nehmen:

➢ *Maus* • *Tisch* • Korb • in der Küche • Mauseloch • Schrank • Stuhl • Katze

Fällt dir ein überraschender oder lustiger Schluss ein?

7.5 Satzglieder aus zweitsprachendidaktischer Perspektive: „Schnurzegal“

Für Zweitsprachenlerner sind Satzglieder auch in **morphologischer** Hinsicht interessant (vgl. 1.2). Denn um Objekte bestimmen zu können, ist auch die jeweilige Kasusendung am Begleiter und Adjektiv hilfreich. Ziel der Unterrichtseinheit ist es daher, auf diesen Zusammenhang aufmerksam zu machen. Grundlage der sprachlichen Reflexion sind wieder Schülertexte, die parallel zum Modelltext „Schnurzegal“ verfasst werden.

Die Studie im Anschluss an die durchgeführte Unterrichtseinheit in einer 4. Jahrgangsstufe offenbart die unterschiedlichen Zugänge der Lernenden zu diesem Unterrichtsthema im Vergleich zu einer Klasse, in der Satzglieder in herkömmlicher Weise thematisiert wurden. Dabei wird deutlich, dass der **formfokussierte Zugang** von vielen Lernenden als hilfreich für die Satzgliedbestimmung sowie für den korrekten Sprachgebrauch empfunden wird.

Praktische Umsetzung

Textkonstruktion

Die Lehrkraft kündigt ein Gedicht an und befestigt dazu den Ausruf *„Ihr seid mir alle schnurzegal!“* an der Tafel.
Nach der Klärung des Begriffes überlegen sich die Kinder, ob und wann sie selbst schon einmal diesen Satz geäußert oder gehört haben und worum es in dem Gedicht gehen könnte.

Danach erhalten sechs Schüler/innen je einen Satzstreifen des dritten Textabschnitts und suchen jeweils ihren Satzpartner. Das wesentliche Kriterium der Zuordnung (Reim) ist dabei von den Kindern selbst herauszufinden. Die Satzpaare werden an der Tafel befestigt und vorgelesen. Dabei wird auch das Reimschema der Gedichtzeilen besprochen.

Schnurzegal

Ein Knabe spricht so frank und frei,
die Welt, die ist mir einerlei.
Ich brauche nichts, ihr könnt mich mal,
ihr seid mir alle schnurzegal.

Wo Knabe sich so sicher ist,
das ist – entschuldigt – großer Mist!
Es gibt doch nichts auf dieser Welt,
das sich alleine gut gefällt:

Die Biene liebt die duftende Rose,
die Erbse die Konservendose.
Der Hals begehrt den warmen Schal,
die Blume ehrt den Sonnenstrahl.
Der Rotwein will das dunkle Rot,
der Pausenapfel möchte Brot.

Und klagst du nun: Gib endlich Ruh:
so spitz die Ohren, hör gut zu:

Das Nilpferd mag den nassen Schlamm,
das Badewasser tränkt den Schwamm.
Der Fluss will einen hohen Damm,
das Kilo küsst das kleine Gramm.
Das wirre Haar, das lockt den Kamm,
das Mutterschaf, das herzt das Lamm.

Und glaubst du, dir ist gar nichts wichtig,
so ist das sicherlich nicht richtig.

(Text: *Sonja Reiß-Held*)

Kennenlernen des Modelltextes

Die Schüler/innen lesen nun still den Modelltext und üben für sich den Vortrag. Danach wird der Text laut vorgelesen. Die Kinder stellen einen Zusammenhang zur eingangs gezeigten Sprechblase her und besprechen die formale Gestaltung des Gedichts. Unbekannte Begriffe werden geklärt.

Sammeln von Sprachmaterial

Können wir auch selbst so ein Gedicht schreiben? Die Kinder überlegen sich zunächst Nomen-Reimpaare, die an der Tafel notiert werden. Diese können bei der anschließenden Textproduktion verwendet werden. Außerdem werden die in der Vorlage vorkommenden Verben (*liebt – begehrt – ehrt...*) notiert.

Textproduktion: Minitexte

Die Kinder schreiben in Anlehnung an den Modelltext eigene Zweizeiler (siehe Arbeitsblatt). Sprachlich schwächere Schüler/innen erhalten als Hilfe Reimwörter. Auch kann der Umfang des Arbeitsblattes entsprechend gekürzt werden. Fehlerhafte Sätze werden in dieser Phase im Dienst der nachfolgenden Reflexion bewusst in Kauf genommen.

Reflexion grammatischer Strukturen

Die Gedichte werden vorgestellt. Einige ausgewählte Sätze werden so an der Tafel notiert, dass **alle Genera im Nominativ und Akkusativ** vertreten sind (ggf. ergänzt durch weitere Gedichtzeilen der Lehrkraft) und die jeweiligen Kasusformen untereinander platziert werden, z. B.

der, die, das

Das Küken	liebt	das Ei.
Das Baby	mag	den Brei.
Der Schüler	begehrt	den Stift.
Die Hexe	mixt	das Gift.
Der Korken	braucht	die Flasche.
Das Buch, das	mag	die Tasche.

Die Schüler/innen machen sich Gedanken zum Bau der Sätze. Es wird deutlich, dass die Satzglieder in Erstposition die Begleiter *der/die/das*, die hinten stehenden dagegen die Begleiter *den/die/das* mit sich führen. Ein Vergleich der Formen zeigt, dass eine Veränderung nur im Maskulinum vorliegt.

Diese Besonderheit wird an der Tafel festgehalten:

der, die, das		**den**, die, das
Das Küken	liebt	das Ei.
Das Baby	mag	den Brei.
Der Schüler	begehrt	den Stift.
(...)		

Warum verändert sich der Begleiter – zumindest im Maskulinum? Die Kinder erhalten ggf. unterstützend Karten mit Fragestellungen (*Wo? Wer oder was? Was geschieht? Warum? Wen oder was? Wem?*), aus denen sie die passenden Fragen auswählen und den Satzgliedern an der Tafel zuordnen.

Am Beispiel des Maskulinums wird nun untersucht, ob die Reihenfolge der Satzglieder in der vorliegenden Form zwingend ist. Durch die Umstellprobe (z. B. *Den Brei mag das Baby.*) – wahlweise auch durch passende Gedichtzeilen der Kinder – wird deutlich, dass das Akkusativobjekt auch an erster Position stehen kann, ohne dass sich die Fragestellungen (*Wer oder was? Wen oder was?*) in Bezug auf diese Satzglieder verändern („*Bei Brei frage ich immer noch* ***wen oder was***.“).

Textrevision und Übung

Die Lernenden überprüfen ihre Texte im Hinblick auf den korrekten Artikelgebrauch. Die Satzglieder im Nominativ und Akkusativ werden mit verschiedenen Farben gekennzeichnet. Ein Arbeitsblatt zum Modelltext „Schnurzegal“, auf dem die Begleiter zu ergänzen sind, dient als weiteres Übungsmaterial. Das Genus wird bei Bedarf im Wörterbuch nachgeschlagen.

Arbeitsblatt (Minitexte)

Schnurzegal

Es gibt doch nichts auf dieser Welt,
das sich alleine gut gefällt:

____

____

____

Und klagst du nun: Gib endlich Ruh:
so spitz die Ohren, hör gut zu:

____

____

____

Und glaubst du, dir ist gar nichts wichtig,
so ist das sicherlich nicht richtig.

Anmerkungen

Welchen Vorteil bringt es, beim Thema „Satzglieder" auf die Veränderung des Artikels zu fokussieren?
Drei Wochen nach Durchführung dieser Unterrichtseinheit wurden die Kinder (Gruppe A: 19 Kinder, davon 14 Kinder mit Deutsch als Zweitsprache) schriftlich befragt, welchen Sinn sie in der Ermittlung von Satzgliedern sehen und wie sie zu einer Kategorisierung der Satzglieder gelangen. Der Fragebogen wurde zeitgleich in einer Klasse mit vergleichbarer sprachlich-kultureller Zusammensetzung (Kontrollgruppe B; 19 Kinder) eingesetzt, in der die Satzglieder in herkömmlicher Weise (Umstellprobe, Fragetests) ermittelt wurden.

Die beiden Fragen lauteten:

Frage 1: Du hast gelernt, nach Satzgliedern zu fragen. Wozu ist dieses Wissen wichtig? Was nützt uns dieses Wissen?

Frage 2: Du findest keine passende Frage zum Satzglied. Wie kannst du dir selber helfen, ohne jemanden zu fragen oder Hilfsmittel zu benutzen?

Kinder der Untersuchungsgruppe A betonten in ihren Antworten mehr die **Sprachrichtigkeit** (bei Frage 1) und die **Veränderung des Artikels** (bei Frage 2). Immerhin 50% der Kinder aus Gruppe A wiesen explizit auf die Veränderung des Artikels hin bzw. erkannten im Artikelwort eine Hilfe für die Satzgliedbestimmung, und 12 von 19 Kindern brachten die Satzgliedproblematik mit korrektem Sprachgebrauch in Verbindung. In Gruppe B findet sich hingegen kein Beleg für morphologische Gesichtspunkte. Während viele Kinder dieser Gruppe die Satzgliedproblematik mit den Umstellproben assoziieren und auf den stilistischen Aspekt verweisen, wird die Sprachkorrektheit hier nur von einer Schülerin thematisiert.

Dieses Ergebnis zeigt den Einfluss der unterrichtlichen Schwerpunkte in den Gruppen A und B. Da die Erkenntnisse der durchgeführten Unterrichtseinheit in Gruppe A nicht durch formale Merksätze als Hefteintrag festgehalten wurden, sind die Antworten der Schüler/innen aus Gruppe A nicht einfach nur reproduktiver Art (im Sinne auswendig gelernten Wissens), sondern können als direkter Lernzuwachs eingeschätzt werden. Ein Unterschied im Antwortverhalten von Kindern mit Deutsch als Mutter- bzw. Zweitsprache war dabei nicht feststellbar.

8. Arbeit mit Fachtexten

Die Besonderheit von Fachsprache zeigt sich nicht nur in **fachspezifischen Begriffen**, **Wendungen** und **Darstellungsweisen** (z. B. Symbole, Tabellen, Schaubilder), sondern auch in der **Häufung bildungssprachlicher Mittel**, die als konzeptuell schriftlich gelten. Dazu gehören z. B. Nominalisierungen, Partizipialkonstruktionen (*das in der Obstmühle zerkleinerte Obst*), Passivformen, viele Komposita und Nebensätze (*wenn/nachdem/bevor/indem...*). Aus diesem Grund – dies betont auch der Lehrplan DaZ PLUS (Fachprofile Punkt 4) – müssen auch im Fachunterricht die Unterrichtsmaterialien dem jeweiligen Sprachstand angepasst werden. Ein sprachsensibler Fachunterricht verknüpft fachliches und sprachliches Lernen im Idealfall so, dass die vertiefte Spracharbeit der inhaltlichen Erschließung des Themas folgt. Diese Reihenfolge kann zum Zweck der Wortschatzvorentlastung vertauscht werden, doch sollte immer sichergestellt sein, dass der Wortschatz thematisch eingebunden ist. Das Verstehen fachlicher Inhalte wird insbesondere durch **handlungsorientiertes** Lernen unterstützt. Daneben sind auch vereinfachte Texte sowie klar beschriftete Schaubilder und Abbildungen hilfreich. Ziel fortgeschrittener Lerner sollte aber das Erschließen auch komplexer Schulbuchtexte sein. Entsprechende Wortschatz- und Strukturübungen helfen beim Aufbau dieser Kompetenz. Die folgenden Beispiele aus dem Heimat- und Sachunterricht zeigen, wie sprachliche Förderung im Kontext der inhaltlichen Arbeit stattfinden kann und die Lernenden darin unterstützt werden, sprachliche Probleme in Bezug auf das jeweilige Sachthema zu bewältigen. Für Beispiele zur Sprachförderung im Mathematikunterricht sei auf das Kooperationsprojekt „PIK AS“ zur Weiterentwicklung des Mathematikunterrichts in der Primarstufe Dortmund verwiesen (http://pikas.dzlm.de/).

8.1 Orientierung im Straßenverkehr

Das Thema „Straßenverkehr“ stellt viele DaZFö-Kinder der 4. Jahrgangsstufe vor große sprachliche Hürden. Begriffe wie *Einmündung, Fußgängerüberweg, Fahrbahnrand, Spurwechsel, Vorfahrtsstraße, Vorrang,* aber auch *Gehsteig, Kreuzung* oder *Pedal* sind vielen Kindern nicht geläufig. Häufig handelt es sich um mehrgliedrige Komposita oder Wortbildungen.

Die Beschreibung von Verkehrssituationen kann grammatisch relativ einfach durch Anweisungen im Infinitiv erfolgen (z. B. *nach links hinten umschauen*), aber auch in komplexen Nebensätzen (*Bevor er abbiegt, vergewissert er sich, ob ihn ein Fahrzeug überholen will*). Auch reflexive Konstruktionen (*er ordnet sich ein, er schaut sich um, er verhält sich vorsichtig, ...*), trennbare Verben (*umschauen: schaut ... um, anhalten: hält ... an, abbiegen: biegt ... ab* etc.) oder Modalverbkonstruktionen (*ich muss stehen bleiben; ich darf weiterfahren*) sind typisch.

Wortschatz und Strukturen werden anlässlich der Fahrradprüfung in der 4. Jahrgangsstufe situativ erfahren, sei es im Verkehrstraining oder in simulierten Situationen im Klassenzimmer, aber auch über Abbildungen und Beschreibungen von mehr oder weniger verkehrsgerechtem Verhalten. Es genügt jedoch nicht, den Wortschatz nur zu verstehen. Durch abwechslungsreiche Sprachübungen lernen die Schüler/innen auch, ihn aktiv zu benutzen. Idealerweise stehen **Wortschatzübungen vor strukturellen Übungen**, die zusätzlich zum Wortschatz auch grammatische Schwierigkeiten fokussieren oder komplexe Sprachhandlungen erfordern (z. B. eine Verkehrssituation auf einer Abbildung klären). Solche fokussierenden Wortschatzübungen können z. B. sein:

- Beschriften von Abbildungen mit dem entsprechenden Fachwortschatz (z. B. die Teile des Fahrrades)
- Memoryspiel: Zu einem Begriff auf einem Wortkärtchen ist die passende Worterklärung auf einem anderen Kärtchen zu finden. Beim „lebendigen Memory" werden die Kärtchen an die Schüler/innen ausgeteilt, die dann ihren jeweiligen Partner finden müssen.
- Kreuzworträtsel zum Fachwortschatz
- „Heißer Stuhl": Ein Kind stellt sich freiwillig den Fragen der anderen. Diese können dann bestimmte Begriffe erfragen. Sobald der/die Befragte eine Antwort nicht weiß, übernimmt ein anderer Schüler den „heißen Stuhl".
- Wortteilpuzzle (*Vorder – Verkehrs – Bord – Sicherheits – Stein – Abstand – Bremse – Teilnehmer*)

Weitere Möglichkeiten der lexikalischen und strukturellen Vertiefung zeigen die folgenden Übungen. Sie können ergänzend zum verwendeten Schulbuch oder anderem Vorbereitungsmaterial für die Fahrradprüfung eingesetzt werden.

Übung 1 *Begriffe üben* ist eine einfache Variante zum „heißen Stuhl", zum Kreuzworträtsel oder auch zum oben beschriebenen Memospiel. Die Worthilfen können je nach Bedarf angeboten werden. Übung 2 *Typische Wortkombinationen* kann ebenfalls in anderen Formaten (z. B. als Memo- oder Dominospiel, Kreuzworträtsel) eingesetzt werden. Die Schüler/innen konzentrieren sich in dieser Übung auf typische Phrasen der gestellten Thematik.

Die Übungen 3–9 betreffen den strukturellen Bereich, Übung 10 ist eine umfassende Anwendungsübung.

Übung 1: Begriffe üben

Kennst du alle wichtigen Wörter?

a. So nennt man den Rand des Gehweges. ______________________________

b. Zum Fahrzeug vor mir muss ich einen ______________________ halten.

c. Die Bremse an meinem Vorderrad heißt ______________________________

d. Auch in Einbahnstraßen gilt das ____________________________________

e. Wenn ein anderer Vorfahrt hat, muss ich ihm __________________________

f. Wenn ich links abbiegen möchte, muss ich mich links in die ____________________ ____________________________

g. Wenn ich links abbiegen möchte, muss ich dem _________________________ Vorfahrt gewähren.

h. Wenn ich anhalte, sollte ich immer _______________________ noch oben drehen, damit ich zügig und sicher wieder anfahren kann.

i. Eine Autofahrerin hat die Wagentür zur Straßenseite hin geöffnet. Es ist aber nichts passiert, weil Anna genügend ___________________________ eingehalten hat.

j. An _______________________________ muss man die _______________ verringern. Man muss anhalten, wenn Fußgänger die Straße _______________ _______ wollen.

k. An einer ____________________________ ohne _________________________ gilt die Regel „Rechts vor links".

Diese Wörter helfen dir: *Vorfahrt gewähren – Fußgängerüberwege(n) – Abbiegespur – Vorderradbremse – Kreuzung – Seitenabstand – überqueren – Gegenverkehr – Geschwindigkeit – das Pedal – Sicherheitsabstand – Bordstein – Rechtsfahrgebot – Verkehrszeichen – einordnen*

Übung 2: Typische Wortkombinationen

Bestimme das Genus der Wörter in der rechten Spalte. Welche Wörter gehören zusammen?

A	die vorgeschriebene
B	ein überholender
C	eine abknickende
D	eine viel befahrene
E	ein erhobener
F	ein nachfolgendes
G	ein ausreichender

1	Vorfahrtsstraße	
2	Straße	die
3	Fahrzeug	
4	Fahrtrichtung	
5	Sicherheitsabstand	
6	Lastwagen	
7	Arm	

Übung 3: Den Vorgang des Linksabbiegens mit entsprechendem Fachwortschatz in der *ich*-Form verbalisieren / trennbare Verben üben.

Wie biege ich links ab, wenn ich kein Vorfahrtszeichen habe? Schreibe in der ***ich*** *-Form.*
Beispiel: <u>um</u>drehen – Ich drehe mich ***um*** *.*

a. **sich um**sehen

b. Handzeichen geben

c. sich zur Mitte **ein**ordnen

d. Gegenverkehr Vorrang gewähren

e. sich nochmals **um**sehen

f. richtig in weitem Bogen **ab**biegen

g. auf Fußgänger achten

Übung 4: Von zusammengesetzten Verben die Grundform bilden. Diese Übung fokussiert auf die trennbaren Verbteile. Die entsprechende Verbklammer muss jedoch nicht selbst gebildet werden.

Wie lautet die Grundform?
Beispiel: er fährt weg – wegfahren

a. er biegt ab

b. sie fährt weiter

c. sie setzt fort

d. er schaut sich um

e. sie hält an

f. er ordnet sich ein

Übung 5: In dieser Übung wird der aktive Gebrauch der trennbaren Verben gefördert.

Welche Wörter passen gut zusammen? Schreibe sie auf.
Beispiel: Sie fährt an.

Sie fährt		ein.
Er schaut		weiter.
Er biegt	sich	an.
Sie hält		ab.
Er setzt		um.
Sie ordnet		fort.

Welche deiner Sätze passen zum Thema „Straßenverkehr"?
Suche vier Sätze aus und erweitere sie.
Beispiel: Sie schaut sich erst um und fährt dann an.

Übung 6: Der in den vorangegangenen Übungen trainierte Wortschatz (einschließlich trennbare Verben) wird kontextuell eingebunden.

Welche Wörter gehören in die Lücken?

<u>An der Kreuzung</u>

Zeynep kommt mit ihrem Fahrrad an eine ________________ ohne Verkehrszeichen. Sie möchte nach links ______________________. Sie ________________ sich ______________, gibt Handzeichen und ________________ sich in der Abbiegespur __________. Nun muss sie zuerst den Gegen________________ beachten, der Vorfahrt hat. Dann sieht sie ________ nochmals ________ und biegt nach links ________. Hier muss sie auf ______________________ achten, die die Straße überqueren.

Übung 7: In dieser Übung werden die reflexiven Verben in der 1. Person Singular und Plural trainiert.

Schreibe in der ***ich****-Form und in der* ***wir****-Form.*
Unterstreiche die Pronomen.
Beispiel: Merve ordnet ***<u>sich</u>*** *ein. → <u>Ich</u> ordne* ***<u>mich</u>*** *ein. <u>Wir</u> ordnen* ***<u>uns</u>*** *ein.*

a. Merve schaut sich um.
b. Sie befindet sich auf der rechten Fahrseite.
c. Sie vergewissert sich, ob sie ein Fahrzeug überholen will.
d. Merve verhält sich vorsichtig.
e. Sie entscheidet sich für den sicheren Weg.

Übung 8: Sätze mit der einleitenden Konjunktion *bevor* erfordern nicht nur eine Nebensatzkonstruktion (Verb am Ende), sondern auch eine korrekte Interpretation der zeitlichen Abläufe. In dieser Übung geht es um das Verstehen der Satzkonstruktion und um die Fähigkeit, diese in einfachere Sätze zu überführen.

Sätze mit dem Wörtchen ***bevor****. Was passiert zuerst, und was als zweites?*

a. Bevor Lisa die Fahrspur wechselt, schaut sie, ob von hinten ein Fahrzeug kommt.
→ Zuerst ______________________ und dann ______________________.

b. Bevor sie Handzeichen gibt, schaut sie sich nochmal um.
→ Zuerst ______________________ und dann ______________________.

c. Bevor Lisa sich an der rechten Seite der Abbiegespur einordnet, gibt sie Handzeichen nach links.
→ Zuerst ______________________ und dann ______________________.

d. Bevor sie nach links abbiegen kann, muss sie den Gegenverkehr beachten.
→ Zuerst ______________________ und dann ______________________.

Übung 9: Diese Übung erfordert die Verwendung von Modalverben (sie darf nicht, sie muss ...)

Was macht Stefanie falsch? Was darf sie nicht? Worauf muss sie achten?

Übung 10: Diese Übung zielt nicht nur auf die Anwendung der gelernten Begriffe und Strukturen, sondern erfordert auch die Produktion eines kohärenten Textes mit variablen Satzanfängen, die je nachdem mit Haupt- oder Nebensatzkonstruktionen einhergehen.

Bild 1

Bild 2

Wähle eines der beiden Bilder. Auf Bild 1 möchte Stefanie nach links abbiegen. Auf Bild 2 möchte sie ein parkendes Fahrzeug überholen.

Besprich mit deinem Nachbarn, woran Stefanie denken muss.
Verbinde die Sätze mit Wörtern wie ***zuerst – zunächst – dann – nachdem – bevor – jetzt – nun – anschließend****. Schreibe den Text auf.*

8.2 Wie Apfelsaft hergestellt wird

Einblicke in Produktionsabläufe lassen sich effektiv in **handlungs-** und **erfahrungsorientierten** Lernformen vermitteln. Bei der eigenen Herstellung von Apfelsaft werden die Äpfel gewaschen, zu Maische zerkleinert und in einer Saftpresse ausgepresst. Die Schüler/innen werden so in wichtige Handlungsweisen und -vorgänge der Saftproduktion eingeführt und eignen sich grundlegenden Wortschatz an. Alltagssprache (*Äpfel schneiden, Saft kommt heraus, Saft ist aus dem Apfel draußen*) wird allmählich durch fachsprachliche Begriffe erweitert (*Äpfel zerteilen, Flüssigkeit auspressen, dem Apfel ist die Flüssigkeit entzogen, die feste Masse nennt man Trester*).

Bei der Textarbeit geht es dann zunächst um die Klärung weiteren Bildungs- bzw. Fachwortschatzes. Daran schließen sich grammatische Betrachtungen an, z.B. von Passivkonstruktionen, Nominalisierungen oder Nebensatzkonstruktionen (auch Nebensätze ohne einleitende Konjunktion). Ziel der Grammatikarbeit ist vor allem das Textverstehen, also der **rezeptive** Aspekt. Soweit grammatische Strukturen für die eigene Textproduktion wichtig sind (z. B. Passivformen bei Versuchsbeschreibungen), sollten sie von sprachlich stärkeren Schülern (DaZ und DaM) auch in **produktiver** Hinsicht geübt werden.

Die folgenden Vorschläge richten sich an Schüler/innen der vierten Jahrgangsstufe im Regelklassenunterricht. Mit Bearbeitung der Aufgaben erwerben sie Kompetenzen für die Erschließung sprachlich komplexer Texte. Für DaZFö-Schüler sollte Textvariante 1 entlastet (→ Textvariante 2) und durch passende Übungen gesichert und vertieft werden.

Unterrichtssequenz zur Arbeit mit dem Text

Textvorentlastung: Kärtchentisch

Die Schüler/innen versuchen, Begriffskärtchen zum Thema in eine sinnvolle Reihenfolge zu legen (z. B. Aufstecken auf einer Styroportafel) und den Zusammenhang mündlich zu verbalisieren. Der bereits angeeignete Wortschatz zum Thema wird dabei aufgegriffen (*ernten, waschen, zerkleinern, pressen*) und erweitert (*Kelterei, Obstmühle, erhitzen, ...*). Unbekannte Begriffe werden besprochen und die nachfolgende Textarbeit dadurch vorentlastet. Die Reihenfolge der Kärtchen wird nach dem Lesen des Textes noch einmal überprüft. Textentlastend sind außerdem Skizzen zur Saftherstellung, denen die Kärtchen zugeordnet werden können.

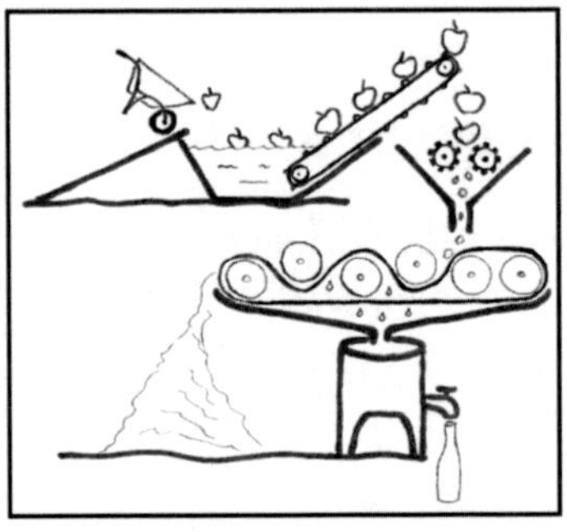

Kärtchentisch (vor Textbegegnung)

Apfelernte	erhitzen	Kelterei
pressen	verkaufen	abfüllen
zerkleinern	Apfelbrei	waschen
Obstmühle	verpacken	Apfelplantage
transportieren	aussortieren	Apfelsaft

Mögliche Lösung:

Apfelplantage→ Apfelernte→ transportieren→ Kelterei→ waschen→ aussortieren → Obstmühle→ zerkleinern→ Apfelbrei→ pressen→ Apfelsaft→ erhitzen → abfüllen→ verpacken→ verkaufen

Textrezeption und -rekonstruktion: Kugellager

Die Schüler/innen lesen still den Text. Das stille Lesen erweist sich insbesondere für sprachlich Schwächere als vorteilhaft gegenüber dem lauten Vorlesen, da sie das Lesetempo selbst bestimmen und Textstellen mehrmals lesen können. Es folgt eine kurze Aussprache über den Text *(„Was hast du alles verstanden?")*.

Die Lernenden versuchen nun, den Text aus dem Gedächtnis schriftlich zu rekonstruieren. Mit dem Partner wird das Ergebnis verglichen und ergänzt und diese Fassung wiederum mit der Rekonstruktion eines anderen Teams abgeglichen. Die Schüler setzen sich dadurch intensiv mit Inhalt und Sprache auseinander und schulen ihr produktives Sprachvermögen.
Alternativ werden die Inhalte im „Kugellager" ausgetauscht. Dazu werden ein Innen- und ein Außenkreis so gebildet, dass sich immer zwei Schüler/innen gegenüber stehen. Die Pärchen berichten sich nun gegenseitig, was sie vom Inhalt des Textes behalten haben. Nach einer bestimmten Zeit rückt der äußere Kreis im Uhrzeigersinn weiter, so dass sich neue Pärchen bilden.

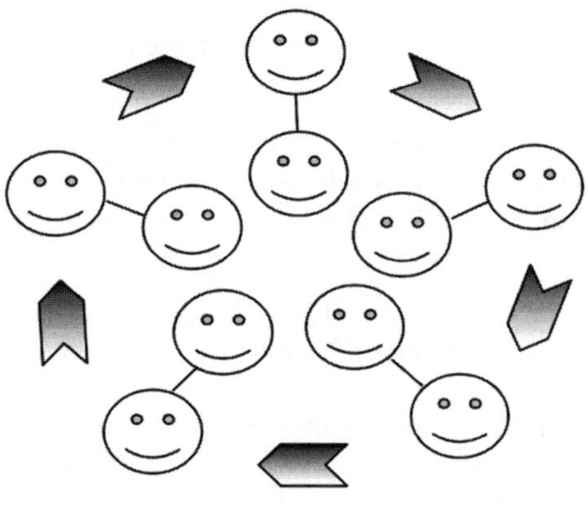

Klärung unbekannter Begriffe

Nun werden unbekannte Begriffe unterstrichen. Die Schüler/innen versuchen, diese Begriffe in der Kleingruppe mit Hilfe des Kontextes zu klären. Offene Fragen werden im Klassengespräch beantwortet.

Inhaltliche Klärung: Expertenteams

Zur inhaltlichen Klärung des Textes bearbeiten die Schüler/innen Aufgaben zu verschiedenen Textabschnitten in Expertenteams (S. 139/140). Die Ergebnisse werden im Plenum vorgestellt.

Textvariante 1

Wie Apfelsaft in der Fabrik hergestellt wird

Die Herstellung des Apfelsaftes in einer Saftfabrik erfolgt in verschiedenen Etappen. Zunächst müssen die Äpfel geerntet und vom Obstanbaugebiet zur Kelterei transportiert werden. Zum Teil gibt es große Plantagen, auf denen der Obstbauer die Äpfel von eher niedrigstämmigen Bäumen maschinell erntet. Oder die Äpfel stammen von Streuobstwiesen, wo die Bäume größer sind, locker verteilt auf der Wiese stehen und geschüttelt werden. Reife Äpfel haben braune Samen und der Stiel löst sich gut vom Ast. Damit der Apfelsaft schmeckt, müssen die Äpfel süß sein. Die Süße der Äpfel entsteht während des Heranreifens. Um einen guten Apfelsaft herzustellen, braucht man außerdem knackige, saftig frische und unbeschädigte Äpfel. Zur Produktion von 1 Liter Apfelsaft werden ca. 1,5 kg Äpfel benötigt.

Nach der Ernte erfolgt der Transport der Äpfel zur Saftkelterei. Dort werden sie in einem Becken gewaschen. Faule Äpfel, Blätter und kleine Ästchen werden aussortiert. Das zurück bleibende hochwertige Obst wird auf einer Förderschnecke zur Obstmühle transportiert und dort zerkleinert. Der daraus entstehende Fruchtbrei, die Maische, wird auf einem Laufband zur Bandpresse transportiert. Dort wird der Apfelbrei gepresst und der heraus laufende Fruchtsaft in einem Behälter aufgefangen. Der ursprüngliche Apfelbrei ist nun eine ziemlich feste Masse, die man Trester nennt. Dieser wird zur Tierfütterung verwendet.

Vor der Abfüllung wird der Apfelsaft schonend erhitzt. So bleiben viele wichtige und gesunde Nährstoffe im Apfelsaft erhalten. Danach wird der Apfelsaft direkt in Beutel oder Flaschen abgefüllt. Anschließend wird die Ware in Kartons verpackt und ist nun fertig für die Auslieferung an den Kunden.

In den Regalen findet der Kunde ein breites Angebot von verschiedenen Apfelsaftherstellern. Es gibt Direktsaft und Fruchtsaft. In der Fruchtsaftherstellung gibt es die Möglichkeit, erst ein Konzentrat zu erzeugen, das dann später wieder mit Wasser verdünnt wird. Dabei gehen aber wertvolle Inhaltsstoffe und vor allem Geschmack verloren. Apfelnektar hat nur etwa 50% Fruchtsaftgehalt, und sogenannte Fruchtsaftgetränke nur etwa 30%. Der Rest wird mit Wasser und Zuckerstoffen aufgefüllt. Direktsaft dagegen bedeutet, dass der Apfelsaft nicht gefroren und konzentriert wurde. Er besteht aus 100% Fruchtsaft ohne Zusatz von Wasser, Zucker oder Aromastoffen.
Es gibt auch naturtrübe und klare Apfelsäfte. Der naturtrübe Apfelsaft enthält kleine Fruchtteilchen und ist eher undurchsichtig. Oft setzen sich die Teilchen im Laufe der Zeit am Boden des Apfelsaftes ab. Durch Schütteln kann man die Teilchen wieder gleichmäßig verteilen. Um einen klaren Apfelsaft zu erhalten, wird der naturtrübe Apfelsaft in der Saftkelterei vor dem Abfüllen gefiltert.

Textvariante 2: Entlasteter Text

Wie Apfelsaft in der Fabrik hergestellt wird

Im Herbst ernten wir die Äpfel. Die Äpfel wachsen auf Plantagen oder Streuobstwiesen.

Plantagen sind Obstgärten, wo die Obstbäume in Reihen stehen. Man kann die Äpfel gut mit Maschinen ernten.

Streuobstwiesen sind Obstgärten, wo die Obstbäume verteilt auf einer Wiese stehen. Der Obstbauer schüttelt die Bäume. Dann hebt er die Äpfel mit der Hand auf.

Nun bringt man die Äpfel zur Saftfabrik, die Kelterei.

In einem Wasserbecken wäscht man die Äpfel. Blätter und faule Äpfel nimmt man heraus.

In der Obstmühle zerkleinert man die Äpfel. So entsteht ein Apfelbrei. Er heißt Maische.

Nun läuft die Maische durch die Bandpresse. Der Saft wird aus der Maische heraus gepresst und fließt in einen Behälter. Die feste Masse, die übrig bleibt, nennt man „Trester“. Der Trester wird an Tiere verfüttert.

Es gibt verschiedene Sorten von Apfelsaft. Nur der Direktsaft besteht aus reinem Apfelsaft, das heißt, aus 100% Fruchtsaft. Apfelnektar besteht nur zur Hälfte aus reinem Fruchtsaft. Und sogenannte Fruchtsaftgetränke bestehen nur aus 30% Fruchtsaft. Den Rest füllt man mit Wasser, Zucker und anderen Stoffen auf.

Es gibt auch naturtrübe und klare Apfelsäfte. In einem naturtrüben Saft befinden sich kleine Fruchtteile. Wenn man den Saft filtert, bekommt man einen klaren Apfelsaft.

Im entlasteten Text sind die Sätze deutlich kürzer und es gibt nur wenige Nebensätze und Attribute. Der Wortschatz ist einfacher und die Anzahl an Komposita und Nominalisierungen geringer als im Ausgangstext. Statt der Passiv-Form wird häufig das Aktiv gewählt. Textbezüge werden eher durch explizite Wiederholungen der Nomen als durch pronominale Verweise hergestellt.

Beispiel:

Vereinfachter Text: *Nun bringt man die Äpfel zur Saftfabrik, die Kelterei. In einem Wasserbecken wäscht man die Äpfel.*

Komplexer Text: *Nach der Ernte erfolgt der Transport der Äpfel zur Saftkelterei. Dort werden sie in einem Becken gewaschen.*

→ Potentielle sprachliche Hürden:

- Nominalisierungen (*Ernte, Transport*)
- Genitivattribut (*der Äpfel*)
- Der Begriff „Kelterei“ wird nicht explizit erklärt.
- Passiv (muss aber rezeptiv nicht unbedingt schwerer sein, da im Gegenzug *wäscht* einen Umlaut aufweist)
- Höhere Abstraktheit (*bringt man* vs. *erfolgt der Transport*)
- Pronomen (*sie*) statt Nomen (*die Äpfel*)

Differenzierte Spracharbeit: Wortschatz und Strukturen

Differenziert nach Sprachstand beschäftigen sich die Schüler/innen nun mit Aufgaben zu grammatischen Schwierigkeiten des Textes wie Passivkonstruktionen, Satzverbindungen mit Nebensatzstellung oder pronominalen Bezügen. Auch der Wortschatz wird trainiert. Die Lernenden erstellen z. B. selbst ein Wörter-Quiz oder es wird vorbereitetes Übungsmaterial bereitgestellt. So können Wörter und dazu gehörige Worterklärungen auf Kärtchen geschrieben und verteilt werden. Die Schüler/innen suchen nun ihren jeweiligen Partner. Danach wird jedes Kärtchen dreimal weitergegeben und die Zuordnung beginnt aufs Neue.

Beispiele für fokussierte Wortschatzübungen:

1. **Welches Wort passt deiner Meinung nach nicht? Warum? (Text 1)**
   a. Streuobstwiese – Obstbäume – niedrigstämmig – Plantage
   b. Obstmühle – Wasserbecken – Bandpresse – Laufband
   c. pressen – schmecken – zerkleinern – waschen
   d. Trester – Maische – Saft – Transport

2. **Welches Wort passt deiner Meinung nach nicht? Warum? (Text 2)**
   a. Streuobstwiese – Obstbaum – Obstbauer – Plantage
   b. Obstmühle – Wasserbecken – Bandpresse – Apfelbrei
   c. pressen – verkaufen – zerkleinern – waschen
   d. Trester – Maische – Saft – Tiere

3. **Kreuzworträtsel (Text 1)**
   1. Ein anderes Wort für Geschmacksstoff. * 2. Darauf werden die Äpfel in der Kelterei transportiert. * 3. Ein Restbestand der Maische. * 4. Hier werden die

Äpfel zerkleinert. ✻ 5. Man wäscht die Äpfel im ... ✻ 6. Es gibt naturtrübe und ___________ Apfelsäfte. ✻ 7. Obst, das auf den Boden geschüttelt wird. ✻ 8. Ein anderes Wort für Apfelbrei. ✻ 9. Fabriken, in denen Saft hergestellt wird (Plural!).

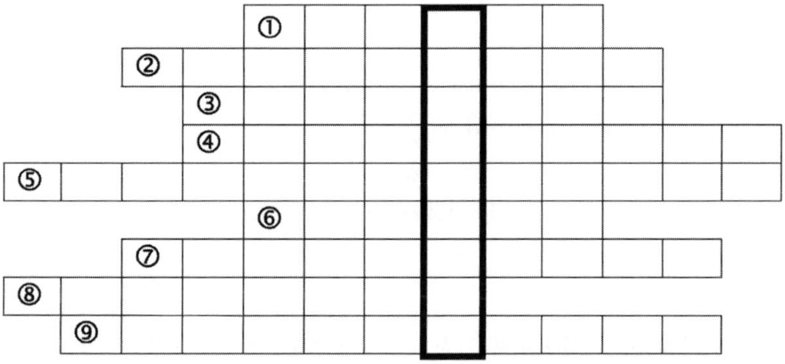

4. **Bilde zusammengesetzte Namenwörter (es gibt oft mehrere Möglichkeiten). Welche findest du im Text? Unterstreiche sie. (Text 1)**

   Anbau – Obst – Apfel – Saft – Wasser – Band – Bäume – Kelterei – Zucker – Mühle – Streu – Frucht – Presse – Fabrik – Lauf – Bauer – Wiese – Becken – Brei – Stoff – Gehalt – Gebiet – Herstellung

5. **Bilde zusammengesetzte Namenwörter (es gibt oft mehrere Möglichkeiten). Welche findest du im Text? Unterstreiche sie. (Text 2)**

   Obst – Brei – Apfel – Teil – Frucht – Wiese – Garten – Getränk – Mühle – Presse – Fabrik – Saft – Band – Nektar

---

Beispiele für sprachstrukturelle Übungen (Text 1):

1. **Ordne die Satzteile einander zu. Bestimme dann die Reihenfolge der Sätze und schreibe sie auf.**

○	Das Obst		werden zur Saftfabrik gebracht.
○	Die Maische		werden in der Obstmühle zerkleinert.
❶	Die Äpfel		werden aussortiert.
○	Der Apfelsaft		wird in einem Wasserbecken gewaschen.
○	Die gewaschenen Äpfel		wird schonend erhitzt.
○	Blätter und faule Äpfel		wird gepresst.

2. **Wie steht es im Text? Unterstreiche dort die passenden Sätze.**

Beispiel: Man muss die Äpfel ernten.
→ Im Text steht: *Die Äpfel müssen geerntet werden.*

a. Man muss die Äpfel zur Saftkelterei transportieren.
b. Man wäscht die Äpfel in einem Becken.
c. Man sortiert Blätter, faule Äpfel und kleine Ästchen aus.
d. Man zerkleinert das Obst in der Obstmühle.
e. Man transportiert die Maische zur Bandpresse.
f. Man füllt den Apfelsaft in Beutel oder Flaschen ab.
g. Man verpackt die Ware.

3. **Schreibe kürzer. Suche im Text nach den passenden Wörtern.**

Beispiel: Der Apfelsaft wird hergestellt → die Herstellung des Apfelsaftes

a. Der Apfelsaft wird produziert.
b. Die Äpfel werden transportiert.
c. Der Apfelsaft wird abgefüllt.
d. Wasser, Zucker und Aromastoffe werden zugesetzt.
e. Der Apfelsaft wird ausgeliefert.

4. **Kannst du die Sätze verbinden?**

Beispiel: Der Apfelbrei ist jetzt eine feste Masse. Diese nennt man Trester.
→ *Der Apfelbrei ist jetzt eine feste Masse, die man Trester nennt.*

a. Die Äpfel müssen süß sein. Dann schmeckt der Apfelsaft.
   → Wenn ...
b. Es gibt große Plantagen. Dort erntet man die Äpfel mit Maschinen.
   → Es gibt große Plantagen, wo ...
c. Viele Äpfel stammen von Streuobstwiesen. Dort stehen die Bäume locker verteilt.
   → Viele Äpfel ......, wo ......
d. Man kann ein Konzentrat erzeugen. Dieses verdünnt man später mit Wasser.
   → Man kann ein Konzentrat erzeugen, das ...

5. **Versuche, die unterstrichenen Wörter im Text zu erklären, indem du sie zerlegst.**

Beispiel: Ein Obstanbaugebiet ist ein Gebiet, in dem Obst angebaut wird.

Beispiele für sprachstrukturelle Übungen (Text 2):

1. **Ergänze die passenden Wörter.**

Im Herbst ________________ man die Äpfel.
Im ______________________ wäscht man die Äpfel.
In der Obstmühle ________________ man die Äpfel.
In der ______________________ presst man den Saft aus der Maische.

Welche Informationen im Text sind noch wichtig? Erstelle selbst zwei Lückensätze für deinen Partner / deine Partnerin.

2. **Bilde bei den Verben die Grundform und bei den Nomen den Singular.**

Beispiel: gibt – geben, Plätze – Platz

Blätter → ______________________
nimmt → ______________________
Äpfel → ______________________
läuft → ______________________
wäscht → ______________________
fällt herunter → ______________________
Bäume → ______________________
verteilt → ______________________
Gärten → ______________________

3. **Hast du alles verstanden? Bilde sinnvolle Sätze.**

Der Obstbauer	wäscht	aus 100% Fruchtsaft.
Direktsaft	zerkleinert	an Tiere verfüttert.
In einem Wasserbecken	presst	die Äpfel zur Saftkelterei.
Die Obstmühle	bringt	den Saft aus den Äpfeln.
Die Bandpresse	wird	die Äpfel zu Maische.
Der Trester	besteht	man die Äpfel.

4. **Bilde aus den Wörtern sinnvolle Sätze**

a. Plantagen – Obstbäume – auf – stehen – in vielen Reihen

b. stehen – bei Streuobstwiesen – auf einer Wiese – die Obstbäume – verteilt

c. kann man besser – Maische – als die ganzen Äpfel – pressen

d. in der Bandpresse – aus der Maische – wird der Saft – herausgepresst

e. nennt – die übrige feste Masse – Trester – man

f. Fruchtsaftgetränke – bestehen nicht – und Apfelnektar – aus 100% Fruchtsaft

5. **Worauf beziehen sich die unterstrichenen Wörter?**

a. Im Herbst ernten wir die Äpfel. Sie stammen von Bäumen aus Plantagen oder Streuobstwiesen.

b. Die Obstbäume stehen verteilt auf einer Wiese. Der Obstbauer schüttelt sie.

c. Der Apfelbrei wird in der Obstmühle hergestellt. Man nennt ihn Maische.

d. Die feste Masse nennt man Trester. Er wird an Tiere verfüttert.

3. In einem naturtrüben Saft sind kleine Fruchtteile. Wenn man ihn filtert, bekommt man einen klaren Apfelsaft.

6. **Versuche, die unterstrichenen Wörter im Text zu erklären, indem du sie zerlegst.**

Beispiel: Eine Saftfabrik ist eine Fabrik, in der man Saft herstellt.

Expertenteams (passend zu Textvarianten 1 und 2)

Aufgabe 1: Wo wachsen die Äpfel? Lies den ersten Textabschnitt (Text 2: Die ersten vier Abschnitte) und ergänze die fehlenden Begriffe.

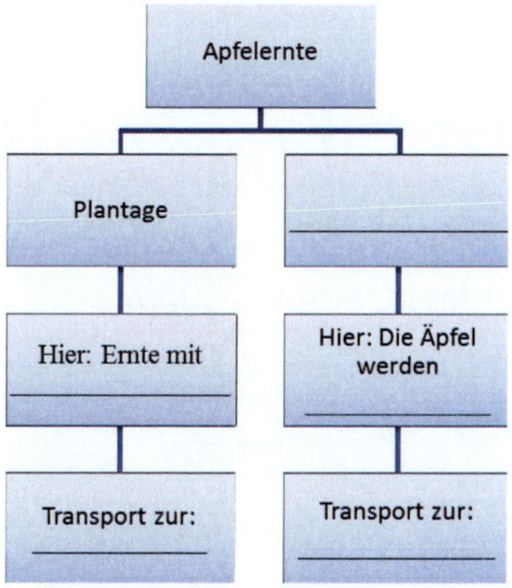

Aufgabe 2: Wie werden die Äpfel verarbeitet? Lies den zweiten Textabschnitt (bzw. Text 2: Abschnitte 4–7) und ergänze die fehlenden Begriffe.

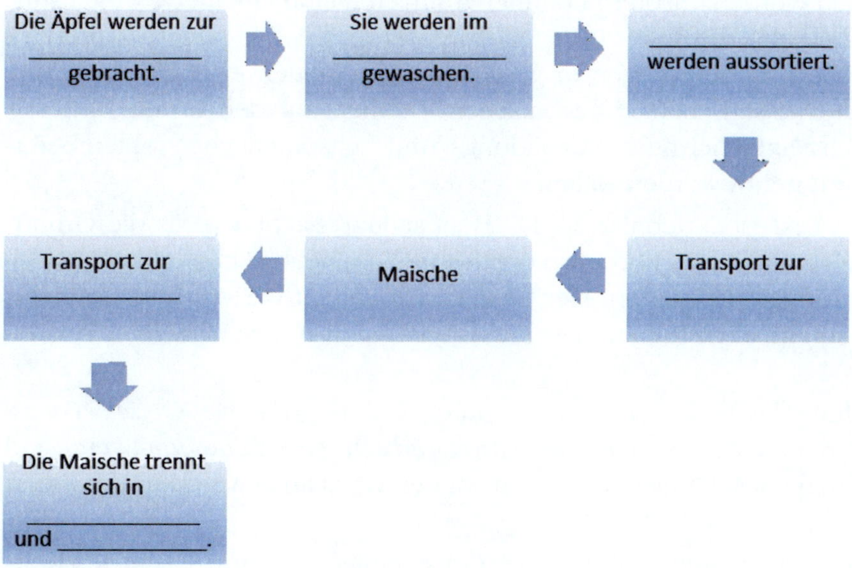

Aufgabe 3: Welche Apfelsaftsorten gibt es? Lies die letzten zwei Textabschnitte und ergänze die fehlenden Begriffe.

Es gibt verschiedene Sorten ____________________

Der Direktsaft besteht aus ________ ______________

Apfelnektar besteht aus ________________
Fruchtsaftgetränke bestehen aus ________________

Im naturtrüben Apfelsaft ________________________

8.3 Die Römer

Geschichtliche Themen sind für Kinder besonders dann interessant, wenn sie die Möglichkeit haben, ihr eigenes Leben mit dem historischer Figuren zu vergleichen, vor allem, wenn auch die Lebensumstände von Kindern aus der damaligen Zeit geschildert werden. Insofern kommt narrativen Elementen im Geschichtsunterricht eine bedeutsame Rolle zu.
Die sprachlichen Anforderungen in geschichtlichen Texten erscheinen im Vergleich zu naturwissenschaftlich-technischen Themen auf den ersten Blick oft geringer. Doch zeigen sich auch hier bildungs- und fachsprachliche Problembereiche, die **gezielt geübt** werden sollten.

Der folgende Text ist „Erlebniswelt 4 – Heimat- und Sachbuch für die Grundschule“ (S. 49) entnommen und kann ergänzend zum neuen Schülerbuch „Erlebniswelt 3/4“ eingesetzt werden. Der Originaltext enthält weitere Informationen zur Kanalisation im alten Rom und ist mit Abbildungen zu den einzelnen Textteilen versehen.

Der **Wortschatz** des Textes ist relativ anspruchsvoll. Begriffe wie *Kreisel, Wachstafeln, Rute, schmieden, weben, Hirse, Kichererbsen, Garküche, üppig* etc. sind vielen Kindern nicht geläufig und müssen vor der Arbeit an den Strukturen geklärt werden.

Der **Satzbau** ist weitgehend einfach, doch gibt es einige Nebensätze (mit den Konjunktionen *wenn* und *indem* sowie Relativsätze) sowie im zweiten Abschnitt Partizipialkonstruktionen (*mit Honig ... gebratene Haselmäuse; im Federkleid gekochte Turteltauben*). Auch pronominale Textbezüge müssen sicher zugeordnet werden. In morphologischer Hinsicht sind es vor allem die unregelmäßigen Präteritumsformen (*bekam, blieben, halfen, aßen, standen, lagen*), die insbesondere im aktiven Gebrauch Probleme bereiten.

Wie bei allen anderen Sachthemen muss der Unterricht an den Vorkenntnissen der Kinder anknüpfen. Eigene Bücher zum Thema werden in die Schule mitgebracht und vorgestellt. Die Schüler/innen formulieren Fragen zum Thema, die ggf. auch im Rahmen eines Unterrichtsganges in ein Museum beantwortet werden können.

Die Textarbeit kann dann in folgenden Schritten erfolgen.

Textbegegnung und -strukturierung

Die Kinder erhalten eine ungegliederte Textfassung mit folgendem Auftrag:

Welche zwei Themen werden in dem Text besprochen? Baue zwei Überschriften ein. Versuche den Text in etwa 5 Abschnitte zu gliedern.

> Murmeln, Reifen, Kreisel und Puppen waren die beliebtesten Spielzeuge römischer Kinder. Wenn die Eltern reich waren, erhielten die Kinder zu Hause oder in der Schule Unterricht von einem Sklaven, der zum Lehrer ausgebildet war. Sklaven trugen den Kindern sogar ihre Wachstafeln und Stifte zur Schule. Wenn ein Kind faul war, bekam es die Rute zu spüren. Ärmere Kinder mussten ihren Eltern bei der Arbeit helfen. Meist waren die Kinder für die schmutzigsten Arbeiten zuständig. Ein Handwerk erlernten sie, indem sie den Erwachsenen bei der Arbeit zuschauten. So konnten sie bald selber backen, Schuhe anfertigen oder Metall schmieden. Mädchen blieben bei ihren Müttern und halfen entweder beim Spinnen, Weben, in der Küche oder im Laden. Einfache Bürger aßen meistens Brei oder Eintopf aus Bohnen, aus Hirse- oder Kichererbsenmehl oder aus Getreide. Sie holten ihr Essen häufig aus Garküchen, statt selbst zu kochen. Tagsüber konnte man sich an Ständen an den Straßen Oliven als kleinen Imbiss kaufen. Reiche Römer hatten Sklaven, die für sie in der eigenen Küche das Mahl zubereiteten. Manchmal veranstalteten sie üppige Festessen. Beliebte Speisen waren dann mit Honig und Mohnsamen gewürzte und gebratene Haselmäuse, im Federkleid gekochte Turteltauben oder als Nachtisch Datteln mit Nüssen und Pinienkernen. Die Speisen standen auf niedrigen Tischen und wurden von Sklaven serviert. Die Männer lagen auf bequemen Liegen, die Frauen saßen auf Stühlen. Reste wurden für die Hunde auf den Boden geworfen.

Die Ergebnisse werden zuerst mit dem Partner und dann im Plenum verglichen. Dabei wird auch der Inhalt des Textes besprochen.

Wortschatzklärung und -übung

Die Kinder klären und üben den Wortschatz in einem Kärtchenspiel, indem sie Worterklärungen dem jeweiligen Begriff zuordnen. Sie arbeiten zunächst offen mit den Kärtchen und nehmen bei Bedarf den Text zu Hilfe. Danach können die Kärtchen als Memory verwendet werden.

Differenzierte Spracharbeit: Wortschatz und Strukturen

Die Kinder bearbeiten die Grammatikaufgaben 1–4 je nach Sprachkenntnisstand.

Aufgabe 1

Im Text sind einige Wörter fett gedruckt. Auf welche anderen Wörter beziehen sie sich genau? Schreibe auf und gib dazu die Zeile an.
Beispiel: *der* in Zeile 3 bezieht sich auf *Sklave*.

Spielen und Lernen

Murmeln, Reifen, Kreisel und Puppen waren die beliebtesten Spielzeuge römischer Kinder. Wenn die Eltern reich waren, erhielten die Kinder zu Hause oder in der Schule Unterricht von einem Sklaven, **der** zum Lehrer ausgebildet war. Sklaven trugen den Kindern sogar ihre Wachstafeln und Stifte zur Schule. Wenn ein Kind faul war, bekam **es** die Rute zu spüren.

Ärmere Kinder mussten ihren Eltern bei der Arbeit helfen. Meist waren **die Kinder** für die schmutzigsten Arbeiten zuständig. Ein Handwerk erlernten **sie**, indem sie den Erwachsenen bei der Arbeit zuschauten. So konnten **sie** bald selber backen, Schuhe anfertigen oder Metall schmieden. Mädchen blieben bei ihren Müttern und halfen entweder beim Spinnen und Weben, in der Küche oder im Laden.

Essen und Trinken

Einfache Bürger aßen meistens Brei oder Eintopf aus Bohnen, aus Hirse- oder Kichererbsenmehl oder aus Getreide. **Sie** holten ihr Essen häufig aus Garküchen, statt selbst zu kochen. Tagsüber konnte man sich an Ständen an den Straßen Oliven als kleinen Imbiss kaufen.

Reiche Römer hatten Sklaven, **die** für **sie** in der eigenen Küche das Mahl zubereiteten. Manchmal veranstalteten **sie** üppige Festessen. Beliebte Speisen waren dann mit Honig und Mohnsamen gewürzte und gebratene Haselmäuse, im Federkleid gekochte Turteltauben oder als Nachtisch Datteln mit Nüssen und Pinienkernen.

Die Speisen standen auf niedrigen Tischen und wurden von Sklaven serviert. Die Männer lagen auf bequemen Liegen, die Frauen saßen auf Stühlen. **Reste** wurden für die Hunde auf den Boden geworfen.

Kärtchen zum Wortschatz

✂ ....

die Wachstafel	Tafel mit Wachsbeschichtung, auf die man mit einem Griffel schreibt.	**das Handwerk**	Das ist ein Beruf, bei dem bestimmte Dinge hergestellt werden, z. B. Tischler, Schreiner ...
spinnen	Garn, also Fäden, werden am Spinnrad hergestellt.	**Metall schmieden**	Gold, Silber und Kupfer werden bearbeitet und daraus etwas hergestellt, z. B. ein Schwert.
anfertigen	Das bedeutet soviel wie „herstellen".	**weben**	Hier werden Fäden am Webstuhl miteinander verflochten und so ein Stoff hergestellt.
die Rute	Das ist ein dünner Stock.	**die Hirse**	Das ist eine Getreideart, aus der man Mehl herstellt.
die Garküche	Ein kleines Lokal, wo man Essen zum Mitnehmen kaufen kann.	**das Getreide**	Dazu gehört z. B. Weizen, Roggen Hafer oder Hirse.
Stände	Wir sagen auch „Buden" dazu, z. B. Würstelbude.	**üppig**	Das sagt man, wenn etwas reichlich vorhanden ist, wenn es also viel davon gibt.
Datteln	Süße braune Früchte mit großem Kern. Sie wachsen an Palmen.	**Turteltauben**	Das ist eine Taubenart, etwas kleiner als unsere Tauben.

Aufgabe 2

**Im Text findest du zwei Sätze, die mit „wenn“ beginnen.
Schreibe sie auf und kreise die Verben in den Sätzen ein.**

____

____

Schreibe nun eigene „wenn“-Sätze. Unterstreiche auch hier die Verben.

Wenn die Kinder zur Schule gingen, ________________________

Wenn die Kinder arm waren, ________________________

Wenn es schmutzige Arbeiten gab, ________________________

Wenn die Römer reich waren, ________________________

Wenn die Bürger nicht kochen wollten, ________________________

Wenn die Männer aßen, ________________________

Wenn die Frauen aßen, ________________________

Aufgabe 3

Dominospiel! Schneide die Kärtchen an der Doppellinie aus. Welche Wörter gehören zusammen?

✂ ....

✣	**sie blieben**	**sie bleiben**	**er bekam**
er bekommt	**sie halfen**	**sie helfen**	**sie trugen**
sie tragen	**sie aßen**	**sie essen**	**sie erhielten**
sie erhalten	**sie standen**	**sie stehen**	**sie lagen**
sie liegen	**sie saßen**	**sie sitzen**	✣

Aufgabe 4

Vergleiche dein eigenes Leben mit dem eines Kindes aus der Römerzeit.

Früher erhielten die Kinder zu Hause Unterricht, aber heute

___

Früher wurden die Kinder mit der Rute geschlagen, aber heute

___

Früher lernten die Mädchen Spinnen und Weben, aber heute

____

Früher bereiteten Sklaven das Essen in reichen Familien zu, aber heute

____

Früher lagen die Männer auf bequemen Liegen beim Essen, aber heute

____

Früher aßen die Familien gebratene Haselmäuse, aber heute

____

Früher holten sich viele Römer das Essen aus der Garküche, und heute

____

Aufgabe 5

Was könnte es bei den Römern noch alles gegeben haben? Schreibe weiter. Die Wörter der Wörterkiste helfen dir. Es gab:

Mit Honig und Mohnsamen	gewürzte und gebratene	Haselmäuse.
Im Federkleid	gekochte	Turteltauben.
Mit ____________	verzierte	____________
Im ____________	gebackene	____________
Mit ____________	gebratene	____________
In ____________	gekochte	____________
Mit ____________	geröstete	____________
In ____________	eingelegte	____________

Schokolade • Hühnerbeine • Hirsetaler • Zimt • Wein • Knoblauch • Ziege • getrocknete Trauben • Birnen • Kastanien • Spanferkel • Wildschwein • Koriander • Oregano • Minze • Thymian • Fenchel • Salbei • Gemüse • Eier • Pilze • Früchte • Birnen • Äpfel • Pflaumen • Nüsse • Mandeln • Kastanien

8.4 RoW: Fach- und Bildungswortschatz vernetzen

Ein in der deutschen Schullandschaft noch relativ unbekannter Ansatz ist das aus dem Amerikanischen stammende „Robuste Wortschatztraining" (RoW) (vgl. Kurtz u. a. 2015). Im Mittelpunkt stehen bildungssprachlich relevante Wörter und Mehrworteinheiten, die keinem spezifischen Themenbereich angehören und deren Training nicht nur die **Rezeption** schriftnaher Sprache, sondern auch die **aktive mündliche** und **schriftliche** Sprachverwendung unterstützen soll. Dieser Wortschatz wird aus aktuellen Texten oder Situationen extrahiert, die Bedeutung im Kontext geklärt und in weiteren rezeptiven und produktiven Übungen vertieft, und zwar ausgehend von Übungen zu aktuellen Themen hin zu dekontextualisierten Beispielsätzen. Die Arbeit mit einzelnen Wörtern läuft dabei über das gesamte Schuljahr, d. h. der fokussierte Wortschatz wird in regelmäßigen zeitlichen Abständen wieder aufgegriffen und in verschiedene Kontexte eingebettet, wobei auch eine Abgrenzung zu ähnlichen Wörtern stattfinden kann.

Welcher Wortschatz eignet sich für das „Robuste Wortschatztraining"? Kurtz u. a. (2015: 108) empfehlen u. a. folgende Typen:

a. Wörter, die nicht die einfachste Art darstellen, etwas auszudrücken (z. B. *schließen* statt *aufmachen, sich verringern* statt *weniger werden, wiederholen* statt *nochmal sagen*). Solche Wörter kommen v. a. in schriftnahen Kontexten vor, sind aber nicht themenspezifisch.
b. Abstrakte Wörter, die konzeptuell reich und dadurch vielfältig vernetzbar sind (z. B. *hilfreich, Voraussetzung, entstehen, verbinden*).
c. Wörter und Phrasen, die die jeweilige Altersgruppe emotional ansprechen (z. B. *Gerechtigkeit, Druck, beeinflussen, im Mittelpunkt stehen*)
d. Mehrworteinheiten, die nicht oder nur teilweise wörtlich zu nehmen sind (*jemanden auf den Arm nehmen, ein Auge auf jemanden werfen*).
e Wörter bzw. Mehrworteinheiten, die relativ unauffällig sind, in grammatischer Hinsicht jedoch oft für Probleme sorgen. Dazu gehören u. a. Verben, Nomen und Adjektive mit festen Präpositionen (*warten auf, Interesse an, glücklich über*) oder Kollokationen (z. B. *Zähne putzen* ⟷ ital. *lavare i denti* 'Zähne waschen').

Die Wortschatzauswahl zeigt, dass hier in erster Linie fortgeschrittene Lerner und Muttersprachler angesprochen sind. Die Übungen fokussieren auf eine möglichst breite Einbettung der Begriffe und deren aktive Verwendung. Wie eine typische RoW-Übungsreihe aussehen könnte, sei am Beispiel der Themeneinheit „Apfelsaftherstellung" (vgl. 8.2) demonstriert.

Die Lehrkraft bezieht sich auf den gelesenen Fachtext: „*Wir haben gestern gelesen, dass man für einen guten Apfelsaft möglichst unbeschädigte Äpfel braucht. Was bedeutet 'unbeschädigt?*"

Der Begriff wird an die Tafel geschrieben, geklärt und ggf. durch ein weiteres Beispiel ergänzt (z. B. „*Wenn ihr Bücher aus der Bibliothek ausleiht, müsst ihr diese unbeschädigt zurückgeben*“).
Die Lehrkraft kündigt nun die Ruf-Übung an: *„Ich nenne euch eine Situation und ihr ruft „Unbeschädigt!“*, wenn das Wort dazu passt. Wenn nicht, schweigt ihr.

- Tea hat den Malkasten fallen lassen. Gott sei Dank ist nichts passiert.
  → SuS rufen: „***UNBESCHÄDIGT***!“
- Lisa ist seit einer Woche krank. Ihr Bruder Lasse passt auf, dass er sich nicht ansteckt.
  → SuS schweigen
- Der Sturm hat alle Bäume umgeknickt. Nur das kleine Häuschen blieb verschont.
  → SuS rufen: „***UNBESCHÄDIGT***!“
- Leo und Tim haben sich gestritten, aber sie haben sich wieder versöhnt. Sie sind froh, dass ihre Freundschaft noch so stark ist wie vorher.
  → SuS rufen: „***UNBESCHÄDIGT!***“
- Zehra möchte gerne die Melone essen, die noch im Kühlschrank liegt. Hoffentlich ist sie noch nicht verdorben.
  → SuS schweigen
- Der Briefträger hat ein Paket mit einem Buch gebracht. Mama macht das Paket auf und sieht nach, ob alles mit dem Buch in Ordnung ist.
  → SuS rufen: „**UNBESCHÄDIGT!**“
- Sylvia ist enttäuscht, weil sie beim Schreiben so viele Fehler gemacht hat.
  → SuS schweigen

Weitere Wörter zu dieser Einheit könnten sein:

Aussortieren

- Mine steht vor dem Kleiderschrank. Mama hat gesagt, dass sie alle Kleidungsstücke auf die Seiten legen soll, die nicht mehr passen. → ***AUSSORTIEREN!***
- Lea soll Äpfel kaufen. Aber welche Sorte soll sie nehmen?
- Tine braucht für den Kuchen noch Zwetschgen. Aber ein paar davon sind wurmig. → ***AUSSORTIEREN!***
- Timo soll das Besteck in den Besteckkasten legen.
- Luca hilft im Kleidergeschäft. Er soll die grünen Pullover auf einen Stapel und die roten Pullover auf einen anderen Stapel legen.
- Berat arbeitet in einer Fabrik, in der elektronische Teile hergestellt werden. Er soll prüfen, ob alle Teile in Ordnung sind. Wenn nicht, legt er sie in einen Korb.
  → ***AUSSORTIEREN!***

Pressen

- Die Nase gegen die Scheibe ... → ***PRESSEN!***
- Der Regen auf den Kopf ...
- Den Verband auf die Wunde ... → ***PRESSEN!***
- Die Marmelade auf das Brot ...
- Die Schuhsohle mit Kleber an das obere Teil ... → ***PRESSEN!***
- Mit der Zahnbürste die Zähne ...

Enthalten

- In Limonade ist sehr viel Zucker. → ***ENTHALTEN!***
- Der Akrobat balanciert auf einem Seil.
- Susanne nimmt Theo an der Hand.
- In unserem WhatsApp-Chat gibt es viele langweilige Beiträge. → ***ENTHALTEN!***
- Äpfel haben viele Vitamine. → ***ENTHALTEN!***
- Wir bleiben an der Haltestelle stehen.

Erhalten bleiben/ erhalten

- In unserem Wohnviertel werden viele Häuser abgerissen. Nur ein paar bleiben stehen. → ***ERHALTEN BLEIBEN!***
- Viele meiner Freunde sind auf eine andere Schule gegangen. Einen Freund habe ich aber noch. → ***ERHALTEN BLEIBEN!***
- Herr Schneider verlässt unsere Schule. Frau Lehner dagegen wird uns noch ein paar Jahre unterrichten. → ***ERHALTEN BLEIBEN!***
- Ich habe einen 10 Euro-Schein hingelegt und möchte mein Wechselgeld zurück. → ***ERHALTEN!***
- Der Teich ist im Sommer sehr warm geworden. Die Goldfische sind aber nicht gestorben. → ***ERHALTEN BLEIBEN!***
- Zu Weihnachten/Zuckerfest ... habe ich viele Geschenke bekommen. → ***ERHALTEN!***

Nach der Rufübung sollten die RoW-Wörter in die jeweiligen Beispielsätze integriert werden, z. B.:
L: Tea hat den Malkasten fallen lassen. Gott sei Dank ist nichts passiert.
→ SuS: „***UNBESCHÄDIGT!***“
→ SuS: „Der Malkasten ist/bleibt unbeschädigt.“

Pro Einheit sollten nur ein bis zwei RoW-Wörter gewählt werden, welche in den folgenden Wochen und Monaten immer wieder aufgegriffen und in die laufenden RoW-Übungen einbezogen werden. Die Übungen erfolgen rezeptiv und produktiv in Form von Zuordnungen, Verbindungen von Satzteilen oder Finden von eigenen Beispielsätzen. Für die RoW-Wörter *„unbeschädigt, aussortieren, pressen"* (s. o.) und die Wörter *„Geschwindigkeit, Abstand, sich vergewissern"* aus der Einheit „Orientierung im Straßenverkehr" (vgl. 8.1) könnten diese Übungen so aussehen:

1. Ordne die Ausdrücke richtig zu. Schreibe danach die Sätze so um, dass das neue Wort enthalten ist.

Man muss aufpassen, dass man nicht zu nah an die Bahnsteigkante gerät.	PRESSEN
Ein Bussard stößt wie der Blitz auf den Boden und fängt die Maus.	SICH VERGEWISSERN
Eva ist neugierig und drückt ihre Nase an die Fensterscheibe.	AUSSORTIEREN
Fehlerhaften Teile will man normalerweise nicht behalten.	UNBESCHÄDIGT
Die Bücher dürfen nicht zerrissen zurück gegeben werden.	GESCHWINDIGKEIT
Mama schaut nach, ob wirklich alle Fenster zu sind.	ABSTAND

2. Ordne die Satzhälften einander zu.

Timo **presst** das Pflaster	alle alten Bücher und Hefte **aus**.
Bevor Lea das Haus verlässt, **vergewissert**	das Fahrrad blieb **unbeschädigt**.
Auf dem Dreimeterbrett müssen wir	auf die Wunde, um das Blut zu stillen.
Alma räumt auf und **sortiert**	immer **Abstand** zum Vordermann halten.
Ein Gepard erreicht eine	viele Stühle und Tische **beschädigt**.
Die beiden Holzteile kleben nicht, auch	sondern **Abstand** halten.
Ich soll nicht mit fremden Hunden spielen,	Lastwagen gegen die Leitplanke gerast.
Eva hatte einen kleinen Unfall, aber	**Geschwindigkeit** von 80 bis 120 km/h.
Mit hoher **Geschwindigkeit** ist der	wenn Karla sie kräftig aneinander **presst**.
Beim Schulfest wurden leider	sie **sich**, dass sie den Schlüssel eingesteckt hat.

3. Fragenserie (mündlich oder schriftlich)

- Zeichne zwei Dinge, die **unbeschädigt** sind und zwei, die **beschädigt** sind.
- Wo werden Dinge **aussortiert**?
- Finde drei Beispiele für Dinge, die eine hohe **Geschwindigkeit** haben.
- Was passiert, wenn man **sich** im Verkehr nicht **vergewissert**? Finde zwei passende Beispiele.
- Wo findest du es wichtig, dass man **Abstand** hält?
- Nenne zwei Beispiele von Dingen, die man nicht **pressen** darf.
- Was meint Eva, wenn sie sagt: Karla ist **mit Abstand** meine beste Freundin?
- Welche Tiere bewegen sich mit nur geringer **Geschwindigkeit**?
- Gibt es andere Wörter für „**beschädigt**"? Wie können die Dinge dann sein? Finde zwei Beispiele mit passenden Adjektiven.
- Welche Fächer würdest du am liebsten aus deinem Stundenplan **aussortieren**?

4. Erfinde ein Ende für jeden Satz.

a. Wenn du dich **vergewissern** willst, dass du alle Hausaufgaben erledigt hast, ...

b. Ennes hat von dem parkenden Auto keinen **Abstand** gehalten und ...

c. Eva hat die **Geschwindigkeit** unterschätzt, mit der ...

d. Sylvia hat die Lippen fest **zusammengepresst**, als ...

e. Hannes hat die alten CDs **aussortiert** und dabei ...

f. Damit die Plätzchen **unbeschädigt** ihr Ziel erreichen, hat Mama ...

Robustes Wortschatztraining weist eine vergleichsweise hohe Abstraktheit auf, ab Mitte der 3. Jahrgangsstufe ist jedoch bei regelmäßiger Durchführung von einem effektiven Lernzuwachs im bildungssprachlichen Wortschatz und damit allgemein im Umgang mit Texten auszugehen (Vasylyeva/ Kurtz 2015: 254).

Literatur

Ahrenholz, Bernt (2009): der Stunde, der Socke, der Geschichte – L2-input für DaZ-Schüler. In: Nauwerck, Patricia (Hrsg.): Kultur der Mehrsprachigkeit in Schule und Kindergarten. Festschrift für Ingelore Oomen-Welke, Freiburg i. Breisgau: Fillibach Verlag, S. 149–169.

Apeltauer, Ernst (2017): Wortschatzentwicklung und Wortschatzarbeit. In: Ahrenholz, Bernt & Oomen-Welke, Ingelore (Hrsg.): DTP 9, Deutsch als Zweitsprache. 4. vollst. überarb. und erw. Auflage, Baltmannsweiler: Schneider Verlag Hohengehren, S. 306–326.

Bartnitzky, Horst (2017): Grammatikunterricht in der Grundschule, 7. Aufl., Berlin: Cornelsen Verlag.

Belke, Gerlind (2012a): Poesie und Grammatik. Kreativer Umgang mit Texten im Deutschunterricht mehrsprachiger Lerngruppen, 3. korr. Aufl., Baltmannsweiler: Schneider Verlag Hohengehren.

Belke, Gerlind (2012b): Mit Sprachen spielen, 4. Aufl., Baltmannsweiler: Schneider Verlag Hohengehren.

Böttger, Katharina (2008): Die häufigsten Fehler russischsprachiger Deutschlerner. Ein Handbuch für Lehrende. Münster: Waxmann Verlag.

Bredel, Ursula (2013): Sprachbetrachtung und Grammatikunterricht, 2. durchges. Aufl., Paderborn: UTB Verlag.

Chlosta, Christoph/Schäfer, Andrea/Baur, Rupprecht S. (2017): Fehleranalyse. In: Ahrenholz, Bernt & Oomen-Welke, Ingelore (Hrsg.): DTP 9, Deutsch als Zweitsprache. 4. vollst. überarb. und erw. Auflage, Baltmannsweiler: Schneider Verlag Hohengehren, S. 353–368.

Göncüoglu, Claudia u. a. (2006a): Sachtexte knacken 3/4. Basisheft, Braunschweig: Schroedel Verlag.

Göncüoglu, Claudia u. a. (2006b): Sachtexte knacken 3/4. Aufbauheft, Braunschweig: Schroedel Verlag.

Grießhaber, Wilhelm (2007): Die Entwicklung der Grammatik in Texten vom 1. bis zum 4. Schuljahr. In: Ahrenholz, Bernt (Hrsg.): Kinder mit Migrationshintergrund. Spracherwerb und Fördermöglichkeiten, 2. Aufl., Freiburg i. Breisgau: Fillibach Verlag S. 150–167.

Großmann, Martina (2013): Sprachförderung PLUS. Förderbausteine für den Soforteinsatz im Regelunterricht. Deutsch – Mathematik – Sachunterricht. Hrsg. von Wilhelm Grießhaber, Stuttgart: Klett Verlag.

Heilmann, Beatrix (2012): Diagnostik & Förderung – leicht gemacht. Das Praxishandbuch. Hrsg. von Wilhelm Grießhaber, Stuttgart: Klett Verlag.

Hölscher, Petra (2008). Lernszenarien. Sprache kann nicht gelehrt, sondern nur gelernt werden. In: Ahrenholz, Bernt (Hrsg.): Deutsch als Zweitsprache. Voraussetzungen und Konzepte für die Förderung von Kindern und Jugendlichen mit Migrationshintergrund, 2. überarb. und ergänzte Aufl., Freiburg i. Breisgau: Fillibach Verlag, S. 155–172.

Hoffmann, Reinhild/Weis, Ingrid (2011): Deutsch als Zweitsprache – Alle Kinder lernen Deutsch, Berlin: Cornelsen Verlag.

Jeuk, Stefan (2017): Deutsch als Zweitsprache in der Schule. Grundlagen – Diagnose – Förderung, 4. Aufl., Stuttgart: Verlag W. Kohlhammer.

Kniffka, Gabriele (2015): Scaffolding – Möglichkeiten, im Fachunterricht sprachliche Kompetenzen zu vermitteln. In: Michalak, Magdalena & Kuchenreuther, Michaela (Hrsg.): Grundlagen der Sprachdidaktik Deutsch als Zweitsprache, 3. Aufl. Baltmannsweiler: Schneider Verlag Hohengehren, S. 208–225.

Kühn, Peter (2010): Sprache untersuchen und erforschen, Berlin: Cornelsen Verlag.

Kurtz, Gunde u. a. (2015): Sprachintensiver Unterricht. Ein Handbuch. Baltmannsweiler: Schneider Verlag Hohengehren.

Luchtenberg, Sigrid (2017): Languge Awareness. In: Ahrenholz, Bernt & Oomen-Welke, Ingelore (Hrsg.): DTP 9, Deutsch als Zweitsprache. 4. vollst. überarb. und erw. Auflage, Baltmannsweiler: Schneider Verlag Hohengehren, S. 150–162.

Lütke, Beate (2011): Didaktische Perspektiven auf zweitsprachliches Lernen in der Grundschule – theoretische und empirische Aspekte. In: Apeltauer, Ernst & Rost-Roth, Martina (Hrsg.): Sprachförderung Deutsch als Zweitsprache. Von der Vor- in die Grundschule, Tübingen: Stauffenburg Verlag, S. 103–116.

Michalak, Magdalena & Lemke, Valerie & Goeke, Marius (2015): Sprache im Fachunterricht. Eine Einführung in Deutsch als Zweitsprache und sprachbewussten Unterricht. Tübingen: Narr Francke Attempto Verlag.

Müller, Claudia & Stark, Linda (2015): Sprachdidaktische Anreize in der Kinderliteratur. Ein Typologisierungsversuch. In: Eder, Ulrike (Hrsg.): Sprache erleben und lernen mit Kinder- und Jugendliteratur I. Theorien, Modelle und Perspektiven für den Deutsch als Zweitsprachenunterricht. Wien: Praesens Verlag, S. 95–117.

Nodari, Claudio (2006): Grundlagen zur Wortschatzarbeit. Online unter https://www.foermig.uni-hamburg.de/pdf-dokumente/grundlagen-wortschat https://www.foermig.uni-hamburg.de/pdf-dokumente/grundlagen-wortschatzarbeit.pdf (18.12.2018)

Oomen-Welke, Ingelore (^{2}2006): Entwicklung sprachlichen Wissens und Bewusstsein im mehrsprachigen Kontext. In: Bredel, Ursula u. a. (Hrsg.): Didaktik der deutschen Sprache, Band 1, 2. durchges. Aufl., Paderborn: UTB Verlag, S. 452–463.

Ossner, Jakob (2008): Sprachdidaktik Deutsch. Eine Einführung, 2. überarb. Aufl., Paderborn: UTB Verlag.

Rösch, Heidi (2003) (Hrsg.): Deutsch als Zweitsprache. Grundlagen, Übungsideen, Kopiervorlagen zur Sprachförderung, Braunschweig: Schroedel Verlag.

Rösch, Heidi (2006): Was ist interkulturell wertvolle Kinder- und Jugendliteratur? In: Beiträge Jugendliteratur und Medien 58, Heft 2, S. 94–103.

Rösch, Heidi (2011): Deutsch als Zweit- und Fremdsprache, Berlin: Oldenbourg Akademieverlag.

Rösch, Heidi (2013): Mehrsprachige Kinderliteratur im Literaturunterricht. In: Gawlitzek, Ira & Kümmerling-Meibauer, Bettina (Hrsg.): Mehrsprachigkeit und Kinderliteratur. Stuttgart: Fillibach bei Klett, S. 143–168.

Rösch, Heidi/Rotter, Daniela (2010): Formfokussierte Förderung in der Zweitsprache als Grundlage der BeFo-Interventionsstudie. In: Rost-Roth, Martina (Hrsg.): DaZ-Spracherwerb und Sprachförderung Deutsch als Zweitsprache. Beiträge aus dem 5. Workshop Kinder mit Migrationshintergrund, Freiburg i. Breisgau: Fillibach Verlag, S. 217–236.

Sahel, Said (2010): Ein Kompetenzstufenmodell für die Nominalflexion im Erst- und Zweitspracherwerb. In: Mehlem, Ulrich & Sahel, Said (Hrsg.): Erwerb schriftsprachlicher Kompetenzen im DaZ-Kontext: Diagnose und Förderung, Freiburg i. Breisgau: Fillibach Verlag, S. 185–209.

Schwarz, Martina (2010): Spielerisch Deutsch lernen. Lieder und Reime, Ismaning: Hueber Verlag.

Spinner, Kaspar H. (2008): RaumVerhältnisWörter-Variete. Lokale Präpositionen in sprachspielerischen Texten. In: Praxis Deutsch 207, 35. Jahrgang, S. 20–23.

Spinner, Kaspar H. (2012): Didaktik der Kinder- und Jugendliteratur. In: Lange, Günter (Hrsg.): Kinder- und Jugendliteratur der Gegenwart, 2. korr. und erg. Aufl., Baltmannsweiler: Schneider Verlag Hohengehren, S. 508–524.

Tajmel, Tanja (2010): Physikunterricht als Lernumgebung für Sprachlernen. In: Knapp, Werner & Rösch, Heidi (Hrsg.): Sprachliche Lernumgebungen gestalten, Freiburg i. Breisgau: Fillibach Verlag, S. 139–154.

Thiesen, Peter (2013): Drauflosspieltheater. Ein Spiel- und Ideenbuch für Kinder- und Jugendgruppen, Schule und Familie. 8. überarb. Aufl., Weinheim, Basel: Beltz.

Thurn, Bernhard (2000): Mit Kindern szenisch spielen. Spielfähigkeit entwickeln; Pantomimen, Stegreif- und Textspiele; von der Idee zur Aufführung. 3. Aufl., Berlin: Cornelsen: Scriptor.

Tracy, Rosemarie/Schulz, Petra (2011): LiSe-DaZ – Linguistische Sprachstandserhebung – Deutsch als Zweitsprache, Göttingen [u. a.]: Hogrefe Verlag.

Tselikas, Elektra I. (1999): Dramapädagogik im Sprachunterricht. Zürich: Orell Füssli.

Vasylyeva, Tetyana & Kurtz, Gunde (2015): Das „Robuste Wortschatztraining“ im schulischen Spracherwerb. In: Klages, Hana/ Pagonis, Giulio (Hg.): Linguistische fundierte Sprachförderung und Sprachdidaktik. Grundlagen, Konzepte, Desiderate. Berlin, S. 237–264

Weis, Ingrid (2013): Sprachförderung PLUS. Förderbausteine für den Soforteinsatz im Mathematikunterricht, Stuttgart: Klett Verlag.

Primärquellen:

Baeten, Lieve (2017): Das große Buch der kleinen Hexe. Jubiläumsausgabe. Hamburg: Verlag Friedrich Oetinger.

Carle, Eric (1997): Das kleine Glühwürmchen. Hildesheim: Gerstenberg Verlag.

Carle, Eric (2008): Die kleine Raupe Nimmersatt. 9. Aufl. Hildesheim: Gerstenberg Verlag.

Carle, Eric (2014): Der kleine Käfer Immerfrech. 13. Aufl. Hildesheim: Gerstenberg Verlag.

Carle, Eric; Christen, Viktor (2012): Chamäleon Kunterbunt. 6. Aufl. Hildesheim: Gerstenberg Verlag (Die Welt von Eric Carle).

Erlebniswelt 4, Heimat- und Sachunterricht für die Grundschule (2003), München, Düsseldorf, Stuttgart: Oldenbourg Schulbuchverlag GmbH, S. 49.

Gómez Redondo, Susana; Wimmer, Sonja (2016): Am Tag, als Saída zu uns kam. 3. Auflage. Wuppertal: Peter Hammer Verlag.

Landa, Norbert; Warnes, Tim (2010): Wir sind der Schrecken aller Monster! 1. Aufl. Bindlach: Loewe.

Lionni, Leo (2005): Fisch ist Fisch. Weinheim: Beltz und Gelberg (Minimax).

Manz, Hans (1973): Auch Nachbarn gehören zur Familie. In: Am Montag fängt die Woche an. Zweites Jahrbuch der Kinderliteratur, hrsg. von Hans-Joachim Gelberg, Weinheim und Basel: Beltz Verlag, S. 81–82.

Rosen, Michael; Langley, Jonathan (2003): Snore! A noisy night for dozy dog. London: HarperCollins (Children's books).

van Hout, Mies (2017): Heute bin ich. 15. Auflage. Zürich: Aracariverlag.

Spiele und Spielesammlungen:

Detert, Julia & Rahnert, Jennifer & Reuer, Anneli & Zimmermann, Ulrike (2014): Sprachbildung kompakt: In der Schule, Oberursel: Finken Verlag.

Hölscher, Petra u. a. (2007): Unser kleiner Wörterladen – Sprachlernspiel für Vorkurse und Schuleingangsphase, Oberursel: Finken Verlag.

„Er malt sich" – Mau Mau-Spiel zu reflexiven Verben aus der Reihe „Verben 2 – Reflexive & trennbare Verben" (2010), Köln: Verlag Lingo Play.

Logico-Box Maximo „Sprache untersuchen" (2011), Oberursel: Finken Verlag.

„Wo ist der Hund?" – Lottospiel aus der Reihe der Satzbauspiele „Richtiger Fall nach Präpositionen" (2010), Köln: Verlag Lingo Play.